三宅島観光白書

三宅島学

地域をより深くしるための観光読本・三宅島の素顔
〜これまでの三宅島、そしてこれからの三宅島〜

[著] 大下　茂
　　　大森哲至

Mirai Kanai

はじめに　本書の特徴と読みすすめ方

　近年、わが国を訪れる外国人旅行者は急激に増えています。2018年にわが国を訪れた外国人旅行者は3,000万人を突破し、2019年も前年より微増しています。なかでも東京を訪れる旅行者の数は国内外を問わず年々増えています。東京を訪れる旅行者の多い地域は新宿、銀座、渋谷など都心部が多いのが特徴です。しかし、東京の魅力は都心部だけでなく、伊豆諸島の離島をはじめとして、都心部以外にも魅力的な地域はたくさんあります。今後は都心部とは違う東京の魅力をどんどんアピールしていき、たくさんの旅行者に都心部とは違った東京の魅力を体験していただきたい、そう願って著したのが本書です。

　ここでは本書の特徴について3点ほどご紹介しましょう。

①地域版の観光白書づくりという役割をもつ

　ひとつめの特徴は、その地域独自の観光白書を作成する、という点です。各地域を紹介する観光案内やパンフレット、ホームページはたくさんあります。しかし、観光スポットだけでなく、その地域の歴史や地域が辿ってきた履歴、産業、観光の現状、観光施策などの全体を網羅して一冊に取りまとめて紹介されている本は、そんなに多くはありません。

　わが国では国土交通省によって毎年、観光の動向や観光がもたらす経済効果などについて幅広く分析された観光白書が作成されています。これは先の東京オリンピック開催の前年の1963（昭和38）年に制定された「観光基本法」に定められた観光に関連する政策の公表の一貫として発行されているものです。地域の観光活性化をもたらし、それを維持させるには、現状の問題点ときちんと向き合い、その問題点をどのように改善していくかという長期的なビジョンを見据えて考えていくことが必要です。本書では、観光白書でとりあげられている内容を地域の視点で捉え直し、できるだけわかりやすいかたちで紹介しています。

②地域固有の特徴を発見・活用し集客・観光まちづくりから編集する

　2つめは、集客・観光まちづくりにスポットを当てる、という点です。どんな地域に人は訪れようと思うのでしょうか。それを考えるうえで重要なことは、そこに住む人たちがいきいきと元気に暮らしていることです。みんなが誇りを感じ

て暮らす地域をつくり、他地域に住む人々に訪れてもらうことで地域は活性化していくのです。

　地域を魅力的なまちにするには、かたちあるものばかりではなく、地域に眠っている独自の資源を活かして、地域の外からたくさんの人が訪れる、魅力あるまちをつくること、「集客・観光まちづくり」という視点が重要です。本書では、地域の観光による活性化をもたらし、それを維持させるために「集客・観光まちづくり」という視点から、地域のもっている観光発展の可能性を最大限引き出したい、それを大事にしています。

③噴火を経験してきた三宅島にスポットをあて、三宅島の取り組みからの学びを得る

　3つめは、三宅島にスポットを当てる、という点です。ここでは三宅島にスポットを当てる理由について紹介をしましょう。三宅島は東京都の伊豆諸島に属する島ですが、これまでたくさんの噴火を経験してきました。なかでも 2000（平成12）年に起こった噴火は三宅島の方々の生活を一変させる大変な噴火になりました。この噴火で三宅島の方々は 4 年 5 ヶ月に及ぶ全島避難を余儀なくされたのです。避難生活は 2005（平成 17）年に解除され、三宅島の方々は島に戻ることができました。しかし、戻った三宅島は火山ガスの放出が継続し、島の自然に大きな被害をもたらすなど噴火前の三宅島とはまったく違った島になっていたのです。

　筆者らはこれまで 10 年以上、三宅島の方々の精神健康調査や意識調査を継続的に実施してきました。調査結果によると、ストレスは以前より改善が見られるものの、特に観光事業に関わる島民のストレス改善には、多くの不安・課題が残されており、観光事業・産業を含む三宅島全体での観光産業等の地域産業システムの再構築を含めた総合的な地域活力向上に向けた取り組みが必要です。

　東京都においては、東京都観光産業振興プランを策定し、区部・多摩・島しょ部の均衡ある観光事業推進を掲げるとともに、オリンピック・パラリンピック2020 東京大会に向けて、2017 年度より実行計画を定め、より積極的な観光事業を進めています。島しょ部観光は、1980 年代の離島ブームには、伊豆諸島全体で 100 万人を超える誘客実績があったものの、近年は 40 万人前後と低迷を続けています。このような中、2020 大会を目前に控え、低迷している島しょ部への観光誘客の実現に向けた戦略的取り組み事業を創設し、地域活力向上に拍車をかけて取り組むとともに、ポスト 2020 の持続可能な観光事業の推進を図ろ

うとしています。

　三宅島は、2005（平成17）年2月の全島避難指示解除後、同年5月より観光客の受入を開始し、三宅島では「火山との共生」を島づくりの基本とする様々な新しい観光資源・観光商品を創出し訴求しているものの、噴火前の約8万人の来訪者は、半分以下の来島にとどまっています。

　また、東京都では、脅威とされている自然災害への対応（観光危機管理）や多様な主体が関わる観光事業の推進等の課題を抱えており、三宅島の経験や現在の取り組みに都下の多くの地域の手本となる取り組みが内包しているものと推察されます。

　このような背景を踏まえ、筆者らは、都下の区市町村のモデルとなるべく持続可能な三宅島の地域活力向上グランドデザインを描くことを最終目標とし、その基礎調査として、地域の皆さまへのインタビュー調査や既往文献調査等をもとに、「地域をより深くしるための観光読本・三宅島の素顔」としての『三宅島観光白書』と題して取りまとめたものが本書です。

　今後は、本書を下敷きにして、子どもたちも三宅島の素晴らしさと観光に親しめる『（仮称）三宅島観光読本』や、地域の方々の意識調査をもとにした『（仮称）地域活力向上観光地域づくりグランドデザイン』の検討に進めたいと思っています。

　最後に、次の3つのパターンで本書を読みすすめていただきたいと願っています。

　ひとつめは、旅行者の方々に三宅島の魅力を知ってもらいたい、ということです。本書を通じて三宅島の魅力が伝わり、「三宅島に行ってみたい」「三宅島にまた来たい」という旅行者や三宅島ファンが多くなりリピーターが増えることを願っています。そのため、この一冊で三宅島の魅力が読み物として伝わることを心がけました。ぜひ三宅島のガイドブックとして三宅島を訪れる時に携行いただけることを願っています。

　2つめは、中学生や高校生をはじめとした子どもたちに本書を読んでもらいたい、ということです。本書を通じて次世代を担う子どもたちが地域の魅力について再確認をし、「三宅島の自然や文化を守っていきたい」「三宅島の素晴らしさをどんどんアピールしていきたい」などこれからの三宅島における観光産業を前向きに盛り上げてくれることを願っています。もちろん、観光による地域づくりに

興味・関心を寄せておられる大学生に教科書・参考書として活用いただけるよう、随所に観光に関する解説を加えるとともに、各章の最後には振り返りのためのページも設けています。三宅島での取り組みをヒントに、自身が関心を寄せている地域を考える際に活用していただきたいと思っています。

　３つめは、離島への移住や二地域居住を考えている方々に本書を読んでもらいたい、ということです。近年では都心部を離れ田舎に移住したり、二地域居住を楽しむ人たちが増えています。そんな方々に本書を通じて三宅島の魅力が伝わり「自分も三宅島に移住してみたい」「三宅島でこんな生活をしてみたい」などの思いを抱いてもらえることを願っています。テレワークが進みつつある現在、新しい生活様式の中で新しいライフスタイルを考えるきっかけとなればと願っています。

　本書の執筆中に新型コロナウイルスの感染が世界中に広まり、わが国でも新しい生活様式のあり方が問われるようになっています。新型コロナウイルス感染予防の影響は、地域の観光産業のあり方も大きく変化させる契機になることが推察されます。そんな状況を踏まえ、本書でも第８章で新型コロナウイルスと今後の観光産業のあり方についての内容を急遽追加で執筆しています。また、オリンピック・パラリンピック 2020 東京大会については、現時点では大会名称はそのままで 2021 年に開催する方向で検討されています。本文中の表記についても 2020 東京大会として記載しています。

　三宅島は「火山との共生」をしながら観光産業の発展をしてきた歴史と経験があります。その歴史と経験は「新型コロナウイルスとの共生」についてもきっと活かすことができるはずです。三宅島の歴史や経験がこれからの地域の活性化のモデルになることを願っています。

　　　　　　　　　　　　　帝京大学　経済学部観光経営学科　大下　茂

　　　　　　　　　　　　　　　　　外国語学部外国語学科　大森哲至

三宅島観光白書　三宅島学　目次

第1章　観光とは……観光のもつチカラ

　近年「観光」という言葉をよく耳にします。旅、旅行、観光 ····· 同じように使われている言葉がある中で"「観光」とは何なのか"から一緒に考えてみましょう。

観光の由来（語源）は？

　観光という言葉の語源は、古代中国の戦国時代に編纂された『易経』のなかの「觀國之光。利用賓于王」（国の光を観る。用て王に賓たるに利し）に由来するといわれています。ここでの「国の光」とは、「国王の人徳と善政により国が繁栄し、その国を訪れる人々にはその国が光り輝いて見えること」を意味しています。このように観光という言葉の語源をたどると、観光の本来の目的とは「その国（地域）の光を観せること」であることがわかります。

　また、英訳として travel、tour、trip、tourism 等と表記されますが、大正時代から「tourism＝観光」が一般的に使われています。ちなみに、tour の語源は、ラテン語のろくろ（tornus）からきており、tornus とは「周遊（巡ること）」が基本となっています。

　左の図は、政府高官が欧米に視察にいった際の報告書（明治8年）の表紙です。表紙に「観光」の文字が確認できます。「欧米の光を観てきたこと」を表しているものと思われます。右の図は、幕末に幕府が当時交易のあったオランダに建造を発注した外輪船の図です。発注されたオランダは1隻に加えて、もう1隻を献上します。兄弟船には、「咸臨丸」と「観光丸」と名づけたと記録されています。ここにも、「地域の光を観せる」の語源を感じることができるのではないでしょうか？

米欧回覧実記

日本初の洋式蒸気船「観光丸」

テクニカルノート1　観光の定義

　1970（昭和45）年と1995（平成7）年に国の観光政策審議会では次のように「観光」を定義しています。

（1）観光の定義（1970（昭和45）年：観光政策審議会の答申）

『観光とは、自己の自由時間（余暇）の中で、鑑賞、知識、体験、活動・休養、参加、精神の鼓舞等、生活の変化を求める人間の基本的欲求を充足する行為のうち、日常生活圏を離れて行った自然や文化等の環境のもとで行なおうとする一連の行動をいう』

（2）観光の定義（1995（平成7）年：観光政策審議会の答申）

『観光とは、①余暇時間の中で、②日常生活圏を離れて行う様々な活動であって、　③触れ合い・学び・遊ぶことを目的とするもの』

　いずれの場合も、「日常生活圏を離れて」と定義づけられており、同じ行動であったとしても日常生活圏での行動か、非日常生活圏での行動かによって「観光になる」か「観光にならない」かの線引きがされています。皆さんは、このことをどう考えますか？

観光の意義・効果

　ところで皆さんは観光という言葉をきくと、どんなことをイメージするでしょうか。観光という活動のなかには、美しい自然や歴史・文化を見たり、伝統的な芸能やお祭り・行事に参加したり、温泉地でのんびり過ごしたりなどさまざまな活動が含まれます。そのため観光という言葉についても「観光＝楽しむための旅行」というイメージを抱くことが多いのではないでしょうか。

　そして観光の意義については、「観光＝楽しむための旅行」という考え方、つまり、「自ら好んでする」ことが最も重要になってきます。しかしながら、観光という活動は、「楽しい」だけでなく、それ以外のさまざまな効果を生み出すこともあります。

　たとえば……

● その国（地域）を訪れることで、これまで知らなかったその国（地域）についての知識（発見や体験）が豊富になる。

● その国（地域）を訪れることで、その国（地域）のよいところを見つけたり、自分の住んでいる国（地域）を外から見ることで自分の国（地域）のよさを再

発見できる。

● 自分の住んでいる国（地域）では「当たり前」だと思っていることが、他の国（地域）では「当たり前ではない」ことを確認する機会になる。

● その国（地域）を訪れることで、新しい出会いや交流が生まれ、協調性を学ぶ機会になる。

　このように観光のもたらすさまざまな効果を見ていくと、人は観光する前と後ではさまざまな変化が生まれ、それらの変化を通して自分の成長に役立てていくことが重要になることがわかります。

旅行と観光の違い

　人はどんなところへ観光するのでしょうか。人は、大昔から旅をしてきました。大昔の人々の旅の目的は、「楽しむ」というよりは、「生活のため」、つまり、食料や住みやすい場所を求めて旅をしていました。そのため旅をする「旅行」とは、本来、私たちが普段生活をしているところから離れて他の場所へ行くことを意味していて、このなかには仕事、休養、帰省、観光などさまざまな活動が含まれます。

　ここでは、このような旅行の意味と比較しながら、"観光とは何か？"について考えてみましょう。旅行と観光の違いについて、それぞれキーワードで表現すると、旅行は「移動」、観光は「魅力」ということになります。つまり、"観光とは何か？"を考える際に、たとえば、「雄大な自然」、「文化遺産」、「美しいまちなみ」、「恵まれた気候」、「魅力的なテーマパーク」などに代表されるような、人を惹きつける「魅力」という要素がとても重要になってきます。

観光のチカラ

　世界観光機関（UNWTO）は「観光は21世紀最大の産業になる」と予測しています。また国連機関であるユネスコは「観光は平和へのパスポート」と提唱しています。

　このように、近年観光への注目が集まっているのはどうしてでしょうか。

　観光による交流は、国（地域）の経済活動を活発にします。なぜなら観光は、経済的効果や雇用を生み出す源泉となるだけでなく、ブランドや人々の交流を通して価値をつくりだす源泉にもなるからです。とくに、文化財や自然公園など観

光資源が豊かなところや、観光発展のアイデアを生み出す人的資源が存在する場所では、その効果も大きくなります。

　ノーベル平和賞を受賞した元・南アフリカ大統領のネルソン・マンデラ氏は、21世紀における観光産業の挑戦として、「平和を築き維持すること」と「貧困の打破」をあげています。

　このように観光はその発展を通じて、人々の交流をすすめ、相互理解の心や信頼関係を築くことにつながります。また国（地域）の経済社会の発展に大きく貢献し、それによって貧困や格差の問題を減らすことにもつながります。そのため近年では、観光産業の発展が経済発展や平和に貢献することから、世界の国々では観光産業の発展にチカラを入れるようになってきています。

　公益社団法人 日本観光振興協会は、東京2020オリンピック・パラリンピック競技大会の開催を控えた2014（平成26）年9月、漫画形式で『観光のちから』を発行しました。
　小冊子の中で、観光がもたらす効果として、①地域活性化、②雇用機会の拡大、③交流文化を掲げており、『みんなの地域を元気にする、それが観光のちから！』とまとめています。

観光による経済的効果

　観光産業の発展は、その国（地域）に大きな経済的効果をもたらします。たとえば、その国（地域）を訪れる観光客が、ホテルやレストラン、お土産品で使うお金がその国（地域）の経済を発展させます。このような仕組みは、製品を輸出することと同じであり、観光は「見えざる輸出」ともいわれています。

　観光産業は、農業や漁業、製造業、サービス業などのさまざまな産業と関連をもっています。ホテルやレストランで出される料理の材料には、その地域で採れた野菜や魚が多く使われます。お土産品店で売られるものもその地域で作られた工芸品が多く販売されています。

　たくさんの観光客がその国（地域）を訪れ、観光客一人あたりの消費額（使うお金）が増えるようになることで、その国（地域）の経済は発展するようになるし、観光産業の発展は、雇用の創出にも大きな役割を果たすことになります。

　このように、観光産業とは、その地域におけるさまざまな産業を引っ張っていくリーダー的な産業であるともいえ、観光産業の発展がその地域の経済を支える

役割も大きいことがわかります。しかしながら、その地域における観光産業の発展と経済の活性化の効果は、結果としてついてくるもの。つまり、その前段階できちんと"地域への愛着"や"地域への誇り"を育んでおかないと、その発展も一時的なものになってしまい、いずれは衰退していくことになります。

出典：公益社団法人 日本観光振興協会（2014.9）
『観光のちから』、p.13

観光の魅力とは？

　"観光とは何か？"を考える際に重要なことは、人を惹きつけるような「魅力」です。そのため世界遺産などに代表されるような知名度のある観光資源がある地域には、たくさんの人が集まる可能性が高くなります。しかし多くの地域では「知名度のある観光資源をもっていない」という声をよく聞きます。

　では、知名度のある観光資源がないと観光の発展は難しいのでしょうか。

　その答えはノーです。なぜなら地域の魅力とは、「知名度のある観光資源をもっている」というような形あるものばかりではないからです。人が訪れたくなる地域には、必ず何らかの魅力があります。それは有形無形の魅力、それぞれの地域によって、それらは違ってきます。その最大の魅力が、そこに暮らす人々の人柄であり、環境です。

地域を魅力的なまちにする

　では、どんな地域に人は訪れようと思うのでしょうか？

　それを考えるうえで重要なことは、そこに住む人たちが、いきいきと元気に暮らしている地域であることが絶対条件です。つまり、みんなが誇りを感じて暮らす地域をつくり、他地域に住む人々に訪れてもらうことで地域は活性化します。

　他地域に住んでいる人が訪れることは、そこに住んでいる人たちの「もっと知ってもらいたい」「もてなしたい」という欲求や満足を高めるとともに、人との交流や対話を通じて地域によい刺激が起こります。一方では人を集めることによっ

て経済的な潤いを地域にもたらすことになるのです。

　地域を魅力的なまちにするには、形あるものばかりではなく、地域に眠っている独自の資源を活かして、地域の外からたくさんの人が訪れる、魅力あるまちをつくること、「集客・観光まちづくり」という視点が重要です。

　「行ってみたい」「また行きたい」と思ってもらえるまち。そんなまちは、そこに住む人たちにとっても、誇りに感じられるまちなのです。

魅力的なまちにするための取り組み

　「行ってみたい」「また行きたい」と思ってもらうためには、どんなことが必要なのでしょうか。それを考える際に重要なことは、地域の外から訪れる人たちが「快適に観光できるようにする」ことです。快適に観光できるようにするために、ここでは4つの取り組みについて紹介します。

●観光地の整備
　道路に案内標識を取りつけたり、観光地に駐車場や休憩所、トイレなどを整備し、観光客が快適に観光できるように心がけることが重要です。
●文化観光施設の整備
　その地域の歴史、文化、自然を紹介する施設を整備し、観光客にその地域の特色、歴史、文化、自然など、その地域のことをよく知ってもらえるようにすることが重要です。
●観光のための制度
　その地域の自然や風景を守るために、観光のための制度をつくることも重要です。このような制度の代表的なものとして、たとえば、わが国では自然公園制度があります。この制度では、わが国の風景を代表する傑出した風景地を指定する「国立公園」、国立公園に準ずるすぐれた風景地を指定する「国定公園」、都道府県の風景を代表する「都道府県立自然公園」などが定められています。
●情報発信
　観光客にその地域のことを知ってもらうため、その地域に関する観光情報をパンフレットやインターネットを使って、情報発信していくことが重要です。

河口湖駅構内の外国人観光客向けの案内所、
2017 年筆者撮影

地域の特徴を表現したトイレ（天竜浜名湖線東都筑駅前）、
2020 年筆者撮影

第1章
第2章
第3章
第4章
第5章
第6章
第7章
第8章

■「住んでよし、訪れてよし」のまちづくり

　「住んでよし、訪れてよし」のまちづくり、これが今求められている地域の姿です。魅力的なまちづくりをしていくためには、観光客の目線で地域を見ることが大切になってきます。ここでは、観光客の目線で地域を見るポイントについて紹介します。

●あいさつをしよう

　他のまちを訪れたとき、気持ちのよいあいさつをされたらどのように思うでしょうか？　きっと皆さんもよい気持ちになるはずです。このことは、自分の地域を訪れる人たちに対しても同じです。

●私たちの周りの自然やまち並みをきれいにしよう

　海やまちを汚さずきれいにすることは、地域の魅力を高めるうえでとても大切なことです。海や山や川の美しい自然や伝統的な風景は、観光の大きな魅力になります。

●私たちの郷土（ふるさと）のことを自信をもって伝えよう

　まちで観光客の人から、道を聞かれたり、まちのことをたずねられたりしたとき、皆さんはきちんと説明できるでしょうか。地域のよいところを伝えるためには、その地域に住んでいるみんなが地域のことをよく知っていることが大切です。

●誰もが楽しめる地域にしよう

　地域には、日本語のわからない外国からの観光客や、身体に障がいをもった観光客の人たちも訪れます。また、高齢者や重い荷物をもって困っている人、道に迷っている人も見かけます。快適に観光をしてもらうためには、その地域を訪れるすべての人を、やさしく迎えてあげることが大切です。

観光産業で働く人たち

　観光産業には、いろいろな仕事がありますが、そこで働く人たちは皆、観光客に対して「おもてなしの心」をもち、安全で快適な旅行をしてもらうことを目指しています。

●宿泊施設で働く人

　宿泊先は、旅行の目的によってホテルや民宿などになります。最近は、長期滞在者向けの宿泊施設も少しずつ増えてきています。宿泊施設では、宿泊の仕事だけでなく、マリンレジャー、レストラン、お土産品店などの仕事もあります。

●観光施設で働く人

　観光客に地域のよさを見せたり伝えたりする仕事では、テーマパークやマリンレジャー施設などの体験型施設、水族館や植物園、郷土資料館・博物館などの見学施設で働いている人たちがいます。

●飲食店やお土産品店で働く人

　地域でつくられる産品を使って、飲食店やお土産品店で働く人たちがいます。

●旅行会社や添乗員・ガイドとして働く人

　観光客が旅行を楽しめるようにお手伝いをする仕事があります。旅行会社の受付や添乗員・ツアーガイドなどがその仕事です。

　また、地域においては観光案内所やまち歩きガイドツアーなどで観光客を迎え入れる人たちもいます。

●交通運輸や空港・港で働く人

　観光客の移動を手伝う仕事には、鉄道、バスやタクシーの運転手、船や飛行機の操縦士や乗務員、レンタカー会社、空港や港の施設で働く人たちがいます。

●安全・快適な観光産業を支える人

　観光客と接することがなくても、ホテルやレストランで使う野菜や果物、肉や魚を生産する農業や漁業の仕事をする人、また、ホテルや施設で清掃やクリーニングをする仕事も観光と関係しています。

　病院や消防署・警察署、電気・ガス、水道やダム、ごみ処理施設、役場などで働く人たちも観光の力強いサポーターです。学校で観光の研究や指導をしている人たちも観光に大きく貢献しています。

ガイドツアーのインストラクターさん、家族でUターンして三世代で割烹民宿を営んでいる方々、レンタサイクルの説明‥‥‥、おもてなしの力が三宅島観光を支えています（2019年筆者撮影）。

ホスピタリティの重要性

　観光産業で働く人にはホスピタリティが大切です。ホスピタリティとは「おもてなしの心」です。「サービス精神」とほぼ同じ意味です。

　観光産業で働くには、もちろんそれぞれの職種に必要な知識や技能を身につけなければなりませんが、一番大切なのがこのホスピタリティになってきます。

　ホスピタリティは、社会生活のなかで、まわりの人たちと仲良くしていくための、大切なコミュニケーション能力のひとつです。

　ここでは、自分に"どのくらいのホスピタリティがあるのか？"をチェックしてみましょう。

　「はい」・「いいえ」を○で囲んでください。

1. 時間を守っている。	はい	いいえ
2. 元気よく笑顔であいさつをしている。	はい	いいえ
3. お礼を言っている。	はい	いいえ
4. 友達が困っているときは、助けている。	はい	いいえ
5. 授業中は静かに話を聞いている。	はい	いいえ
6. きちんとした姿勢で話を聞いている。	はい	いいえ
7. 責任をもって係り活動している。	はい	いいえ
8. くつは、かかとをふまずはいている。	はい	いいえ
9. 目上の人には、丁寧なことばで話している。	はい	いいえ
10. 家族や友達にやさしいことばをかけている。	はい	いいえ
11. ゴミを積極的に拾ってゴミ箱に入れている。	はい	いいえ

　「はいの数が6個以上」の人は、まわりの人に喜びを与えることのできるホスピタリティ精神の高い人だといえます。

テクニカルノート2　観光の成り立ちと観光学の領域

（1）観光の成り立ち

　観光の定義によると、観光とは、「日常生活圏を離れて自然や文化等の異なった環境の中で行う活動」であり、「観光客」が「地域」を訪れることによって成立します。また、観光客は訪れたい地域を選択し、移動手段等を検討するための情報が必要であるし、一方の地域は、観光客に来てもらえるようにアピールする必要があります。

　「観光客」と「地域」とをつなぐ役割が、旅行会社や鉄道・航空事業等の交通機関、情報サイト等です。これらの3つが、観光が成立する最小限の条件となります（下図のA・B・C）。

（2）観光学の領域と観光研究のテーマ

　観光の効果でも学んだように、観光は様々な産業と関連する地域の総合産業であり、その学問としての領域は多岐にわたります。

　「人はなぜ、観光をするのか」「人はどのような地域やテーマに惹かれるのか」といった課題は、観光客自身に関わる研究課題です（同図A）。一方、「観光客に来てもらうためにはどのように地域をアピールすればよいのか」「地域を快適に巡っていただくためにはどのような情報や交通手段を整えておけばよいのか」といった課題は、地域の調査に基づいて解決していく課題となります（同図B）。また、観光客と地域をつないでいる旅行会社や交通機関に関する研究課題（同図C）、またこれらの事象を歴史的な観点から捉えた研究、あるいは将来を展望する研究も必要となります（同図D）。

　A～Dの基礎的な知識・研究の成果をもとに、それをビジネス展開することや、組織的に管理運営するシステムづくり等の事業化に結びつけることも必要です（同図E）。さらに国や地方公共団体の観光政策や制度設計、観光地の諸計画へと反映させる研究も必要です（同図F）。

　観光学あるいは観光学の知識習得の先にある観光研究は、このように広範囲であるとともに、経済学や経営学はもとより、歴史学、心理学、統計学、文学、教育学等の様々な学問知識に加えて、発想力・着想力、企画力・構想力、プレゼン力、語学力等のスキルを背景としていることが理解できるのではないでしょうか。

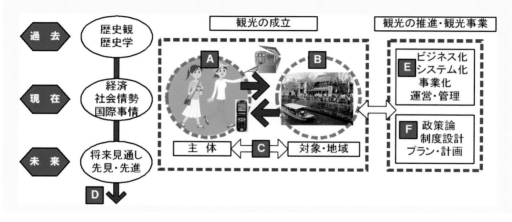

第1章
第2章
第3章
第4章
第5章
第6章
第7章
第8章

（1）「観光」の語源と意味について考え、小学生にもわかるような説明を考えてみましょう。
（2）観光によって地域が受けるプラスの影響とマイナスの影響を考えてみましょう。
（3）あなたのお気に入りの観光地や故郷の区市町村をイメージし、観光が及ぼす効果について図を用いて取りまとめてみましょう。

（1）「観光」の語源と意味について

観光の語源

観光の意味

（2）観光による地域への影響

プラスの影響	マイナスの影響

（3）観光が及ぼす効果

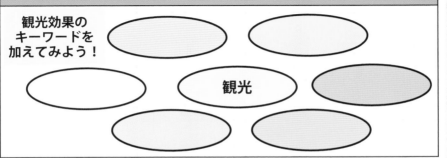

観光効果の
キーワードを
加えてみよう！

観光

第2章 三宅島観光の実態

　本章では三宅島の観光実態をみてみましょう。地域観光の全体像を把握し改善を試みるためには根拠となる数値は欠かせません。しかし数値が全てではなく限界を知っていることも大切です。また、三宅島は伊豆諸島のひとつの島であり、他の島との違いを知っておく必要があります。数値によって客観的に自らの地域の強み・弱みを考え、地域の今後の観光を考える基礎的認識として共有したいものです。

観光客数を知る方法

　地域にどれくらいの観光客が来ているのかを調べる全国的調査はないのが現状です。都道府県単位では統一したルールを示して区市町村に依頼して集計・公表しています。観光行動と比較的直結している資料館や博物館、動物園・水族館・植物園、テーマパークや遊園地等の有料施設の場合は、入場者数を把握することは可能です。また、温泉のように温泉税を徴収している場合も利用人数を把握できます。しかし、近年、ブームとなっているまち歩きや、ドライブ・ツーリング・サイクリングで景勝地を訪れた人、登山・ハイキング等は様々なルートからの利用者がいるため実数はつかめないのです。また、同じ観光客が複数の施設を巡ったり、区市町村を跨って観光した場合は、利用者・入場者を単に合計すると、実態より大きな数値として記録されることとなるため、観光庁では、平均立ち寄り数で割り戻すよう全国統一の調査法を示しています。

　そのような中で正確な観光客の数値は、訪日外国人観光客数と離島の来訪者数です。訪日外国人観光客数は、法務局が入国手続きにおいて入国者数を正確に把握し、入国目的が観光である申告からどの国から訪れた観光客であるかも把握しています。離島も交通手段が船か飛行機に限定されるため、来訪者を把握することは可能です。

第1章
第2章
第3章
第4章
第5章
第6章
第7章
第8章

テクニカルノート 3　地域の来訪者行動調査による観光行動の把握

　地域の来訪者の実数を把握できても、観光を主目的とした来訪か、仕事の合間の観光か、帰省なのか、知人・友人への来訪か等、多様な目的をもった方々が来訪した総数でしかありません。また、地域にどれくらいの時間滞在するのか、どこを訪れるのか、訪れた方々の性別・年齢・居住地や同行者、来訪頻度（はじめてかリピーターか）等も気になるのではないでしょうか。

　それらを把握するためにも、来訪者行動調査が必要です。通常は、来訪の玄関口（空港・港・駅や道の駅、観光案内所等）や観光スポットなどでのアンケートによって調査します。アンケートによって得られたデータをもとに、来訪者特性、滞在時間、回遊特性、誘致圏、観光消費推計等を把握し、観光施策に活用しています。また、誘客を期待するマーケットでの Web によるイメージ調査や来訪意向調査を定期的に実施している地域もあります。

伊豆諸島への観光客の現状

　伊豆諸島全体への観光入込客数は、1970 年代から 80 年代にかけての離島ブームには 100 万人を超えていました。しかし 2000 年の三宅島の噴火の後に減少し、近年では 40 万人前後で推移しています。

出典：東京都産業労働局観光部よりデータを提供いただきました。
　　　H2 〜 H11 のデータは提供データにありませんでした。

ここでは伊豆諸島のそれぞれの島の観光入込客数の推移から特徴を見てみましょう。2018（平成30）年の伊豆諸島全体の観光入込客数は約467千人です。最も多くの観光客が来訪している大島は全体の44.9%（約210千人）を占めています。次いで八丈島が19.3%（約90千人）、新島11.7%（約55千人）、神津島8.6%（約40千人）、そして第5位が三宅島の7.6%（約35千人）となっています。

　大島や八丈島は、それぞれ人口が7,704人、7,457人（2019年3月現在）と大きいのに比べ、新島（2,195人）、神津島（1,906人）、三宅島（2,471人）と、大島や八丈島に比べて島で暮らしている人口は少なく、利島、式根島、御蔵島、青ヶ島は、さらに人口は少なくなっています。人口100人当たりの観光入込客数を示すことで、人口規模に応じた観光による島への集客の度合いを比較することができます。それによると、式根島が、人口規模に比べて観光入込客数が多く、観光に特化していることが読み取れます（位置づけ（1）の図参照）。

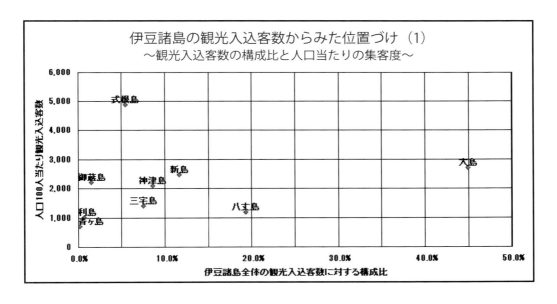

第1章
第2章
第3章
第4章
第5章
第6章
第7章
第8章

テクニカルノート 4
２軸で位置づけることによる一目瞭然の効果と結果の活用法

事例（1） 市内観光客へのアンケート調査結果をもとにした
塩尻の観光資源の認知と来訪の関係の分析（長野県塩尻市）

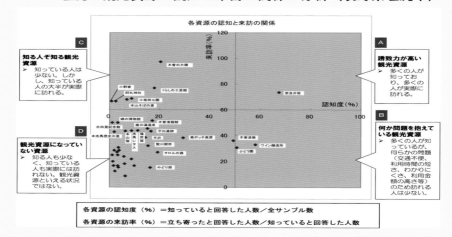

各資源の認知度 （％）＝知っていると回答した人数／全サンプル数
各資源の来訪率 （％）＝立ち寄ったと回答した人数／知っていると回答した人数

事例（2） 共通キーワードによる資源の再編集
（千葉県佐原市（現・香取市）を含む水郷三都連携）

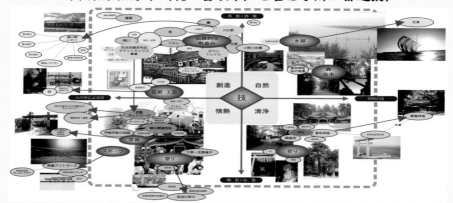

　事例（1）は長野県塩尻市観光振興計画策定において、アンケート調査を
もとに市内の観光資源を評価したものです。パンフレットに載せていた資源
を「知っているか（認知度）」と、知っている人に「行ったことがあるか（来
訪度）」を聴き、その数値データをもとに客観的に位置づけたものです。そ
の結果、パンフレットに載せていた多くの資源は観光につながらないものが
多く、Ａ・Ｂ・Ｃに位置づけられた観光資源を中心にパンフレットが作成され、
効率的・効果的な誘客につながりました。
　事例（2）は利根川下流の千葉県佐原市（現・香取市）と茨城県潮来市・
鹿嶋市の水郷三都地域の広域パンフレット作成にあたり、3市の観光パンフ
レットを持ち寄り、担当者がワークショップ形式で広域連携地域の観光資源
の特徴を取りまとめたものです。その結果テーマを『技』とし、「自然」「清
浄」「創造」「情熱」の4つの項目で編集することに役立てました。

次に、観光入込客数の多い6島を対象に、離島ブームのピークの時期（1973（昭和48）年）との減少率と近年10年間の比較を、同様に2軸でグラフ化してみましょう（位置づけ（2）の図参照）。これによると、伊豆諸島の全体がピークの1/3であるのに対して、大島と三宅島は、ピークの1/4と落ち込みが著しく、神津島や八丈島はほぼ1/2、新島、式根島は1/2を超えています。また、近年10年間の推移では、新島が1.4倍、多くの島々が1.1倍と増加しているのに対して、三宅島は唯一減少していることが読み取れます。

　この2つのグラフから、離島ブームと比較すると伊豆諸島の多くの島が回復していない中で、新島と式根島が新しい顧客層を誘客していることが考察できます。一方で、離島ブームの際には多くの観光客を誘客していた大島（60.8%）、八丈島（14.3%）、三宅島（10.0%）は、他の島の回復に比べて遅れており、相対的な位置づけが弱まっていることが推察されます。

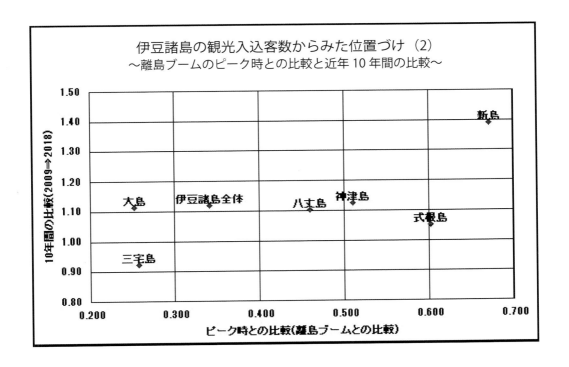

第1章
第2章
第3章
第4章
第5章
第6章
第7章
第8章

もっとも多く観光客が来島している大島と、三宅島の観光客の推移を比較してみましょう。2000年の噴火で全島避難することとなった三宅島では2001（平成13）年から2004（平成16）年までの観光客がゼロとなっていますが、両島ともに、ほぼ同じような減少傾向にあり、近年約15年間は、ピーク時の約1/4で推移していることがわかります。

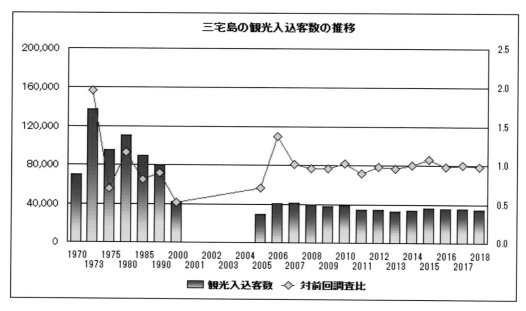

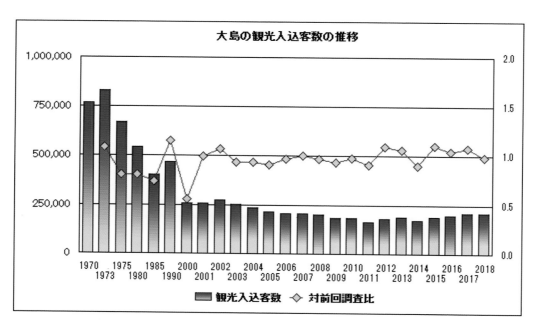

また伊豆諸島の他の島の観光客の推移もみてみましょう。島によっては、推移の変化が異なっています。全体として三宅島噴火のあった2000年の影響を受けて減少していますが、式根島と神津島は、1年あるいは2年後には回復・維持していることが読み取れます。

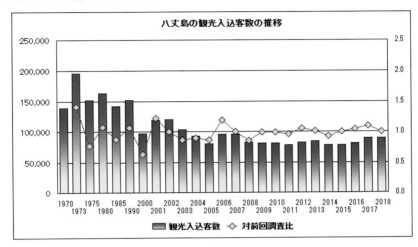

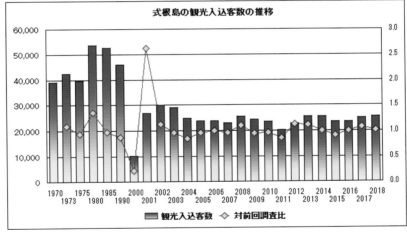

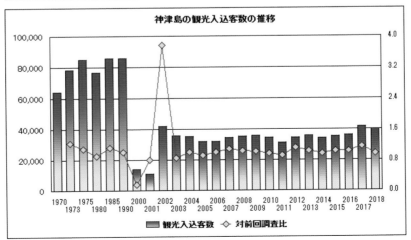

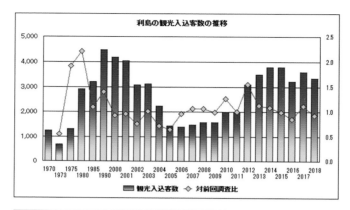

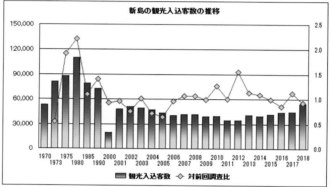

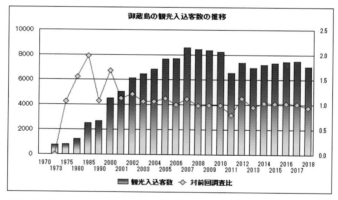

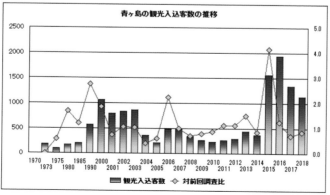

伊豆諸島の9つの島の概要とアピールポイント

名称	島の概要	アピールポイント
大島	面積 90.76㎢ 人口 7,704 人 観光客 209.6 千人	雄大な三原山が噴気を上げ、春にはツバキが咲き誇る・・・。自然の大きさ・美しさが体感できる、高速船で東京〜105分の常春の島。 ※裏砂漠、お鉢巡りのトレッキングコース ◇『プラス1の島づくり』
利島	面積 4.12㎢ 人口 324 人 観光客 3.4 千人	サクユリと20万本ものツバキの花に覆われた小さな島。古代からの歴史が今も残る。 ※椿油は日本有数の生産量、大物も狙えるフィッシングスポット。 ◇『地域資源型産業による島づくり』
新島	面積 22.96㎢ 人口 2,195 人 観光客 54.5 千人	サーフィンと「モヤイ像」で有名な、独自の文化と歴史が残る島。世界でも珍しいコーガ石に覆われ、白い砂浜が美しいマリンスポーツのメッカ。 ※白い砂浜のマリンスポーツのメッカ、オリーブ色の新島ガラス。 ◇『ふるさと自慢ができる島づくり』〜新島・式根島
式根島	面積 3.67㎢ 人口 523 人 観光客 25.6 千人	穏やかな海でのんびりと過ごし、海中温泉でゆったりと温まる・・・。岩礁が作り出すリアス式海岸と野趣豊かな風景が美しい、自然豊かな島。 ※伊豆諸島では珍しい入江状の海水浴場。海中温泉が特徴。 ◇『ふるさと自慢ができる島づくり』〜新島・式根島
神津島	面積 18.58㎢ 人口 1,906 人 観光客 40.0 千人	そびえ立つ天上山の岩壁と美しい白い砂浜が織りなす絶景。透明な海に囲まれ島のあちこちに水が沸く、「水配り伝説」の島。 ※天上山は高山植物が分布する「花の百名山」。赤崎遊歩道は飛び込み台として子どもたちの人気スポット。 ◇『暮らして良かったと実感できる島づくり』
三宅島	面積 55.27㎢ 人口 2,471 人 観光客 35.3 千人	火山が生み出す美しい造形美、そして群れを成す野鳥や熱帯魚。自然の美しさ・厳しさに触れることのできる"バードアイランド"。 ※全国的に有名なバードアイランド、海底岩礁のダイビングスポット。 ◇『火山とともに生きる、新たな島づくり』
御蔵島	面積 20.58㎢ 人口 317 人 観光客 7.0 千人	豊かな水、生い茂る樹木、そして島の周囲にはイルカが泳ぐ・・・。独特の歴史と文化を持ち、人と自然が共存する、東京から最も近い"秘境の島"。 ※ドルフィンスイム。霧に包まれることが多い神秘的な島。 ◇『グリーン愛ランド・御蔵島の実現』
八丈島	面積 69.11㎢ 人口 7,457 人 観光客 90.2 千人	独特の文化と歴史が残り、特産の焼酎や寿司が味わえる島。色鮮やかな亜熱帯の花が咲き誇る南国の楽園。 ※黄八丈（織物）、八丈太鼓等の歴史と文化の島。 ◇『クリーンアイランドの実現』
青ヶ島	面積 5.98㎢ 人口 158 人 観光客 1.1 千人	"還住（かんじゅう）"の歴史に彩られ、"ひんぎゃ"が恵みをもたらす。独特の自然と地形を持ち、地熱蒸気が噴出する二重式火山の島。 ※ひんぎゃ（地熱蒸気の噴出孔）⇒製塩、日本一人口が少ない村。 ◇『心あたたか元気な島づくり』

※1：人口は2019年3月現在／観光客は平成30年東京都調査による
※2：◇は東京都離島振興計画（平成25年度〜平成34年度）による島別基本計画による
出典：東京諸島観光連盟『TOKYO ISLANDS 伊豆諸島＆小笠原諸島　東京諸島2か国語ガイド』

第1章
第2章
第3章
第4章
第5章
第6章
第7章
第8章

離島ブーム

　離島の観光は、1970年代から80年代にかけてとても人気がありました。都会からたくさんの人たちが全国各地の離島を訪れ、観光客であふれていました。この現象のことを「離島ブーム」と呼んでいます。

　このような離島ブームが起こった背景には、戦後の高度経済成長があります。日本は急速に経済発展し、それにともない当時、人々の関心もだんだんと海外のリゾートライフに向けられるようになりました。しかしながら、当時はまだハワイやグアムなどへの渡航費も高額だったため、身近なリゾート地として離島観光が人気になったのです。

離島ブームによる離島の産業構造の変化

　離島ブームによって全国各地の離島では、産業構造が一変しました。各地の離島ではたくさんの観光客を受け入れるため、ホテルや民宿が次々と建設され、レストランやお土産品店もたくさん建設されるようになりました。

　それまでの離島の暮らしぶりは、主に自給自足が基本となっていたため、かつての離島における産業構造も農業や漁業を中心とした第一次産業が主役でした。しかし、離島ブームを契機として、離島における産業構造も観光業を中心とした第三次産業が主役になっていくようになりました。つまり、地域の産業構造の大きな変化が生まれたわけです。

離島ブームの衰退

　1980年代後半頃から、日本の経済は「バブル崩壊」という言葉にも代表されるようにだんだんと停滞するようになっていきました。それにともない離島を訪れる観光客もだんだんと減少するようになり、離島ブームも低迷するようになっていきます。

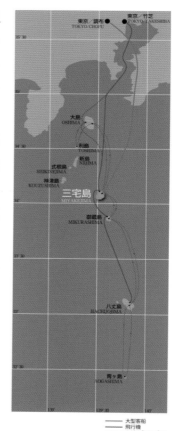

出典：三宅村村勢要覧
　　　（平成30年12月）、三宅村

離島ブームの頃は、「離島」という条件だけで、黙っていてもたくさんの観光客を集めることができました。また、たくさんの観光客が訪れることで、アイデアを工夫しなくても自然と商品が売れ、経済的効果や地域の活性化も期待することができました。

　しかし、ブームが停滞するようになったことで、離島ブーム以降の離島では「どのようにすれば観光客を集めることができるのか？」という、新たな転換と変革が求められるようになってきています。つまり、離島においても、次の集客の糧になるものを発見・創造していかなければ、集客できない時代になっているのです。

■ どれだけの観光客が三宅島に来ている？

　三宅島への観光客数については、1973（昭和48）年の約13万7千人がピークとなっています。その後、1973（昭和48）年から2000（平成12）年にかけて、約8万人の観光客が三宅島に訪れていました。しかし、2000年に起こった三宅島噴火以降は、三宅島への観光客は、約4万人と半分以下になっています。

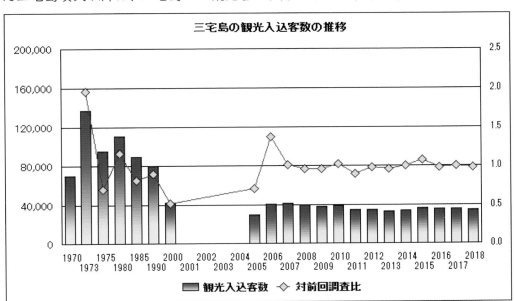

出典：東京都産業労働局観光部よりデータを提供いただき筆者がグラフ化しました。
注１：三宅島噴火（平成12年9月〜平成17年2月）まで全島避難
注２：平成17年2月全島避難解除後、同年5月から観光客の受入開始

離島ブーム前後の三宅島の観光

　三宅島が昭和39（1964）年7月に富士箱根伊豆国立公園に編入指定されて以来、観光資源の開発が活発に行われ、昭和40年代に入ると「離島ブーム」により観光客も逐次増加し、第一次産業の停滞とあいまって観光業は年々成長をつづけてきました。

　空路が開設された昭和41（1966）年の来島者数は約21,000人に対して、昭和48（1973）年には6.63倍の約140,000人が三宅島を訪れています。まさに昭和40年代は観光客が年々増加していることが見て取れます。

　島内の宿泊施設の状況を昭和46年と54年とで比較すると、民宿の規模拡大と展開・定着が顕著に現れています。同期間の来島者数は約101,000人（昭和46年）から1.22倍の約123,000人（昭和54年）と増加しています。旅館の数は同じですが、民宿の数は、島全体で112軒から1.21倍の136軒と、来島者の増加と同様となっています。注目すべき点は民宿の宿泊容量で、昭和46年の2,010人に比べて、昭和54年は4,226人と2.1倍となっており、1軒当たりの宿泊容量は17.9人／軒から31.1人／軒と規模の拡大が読み取れます。

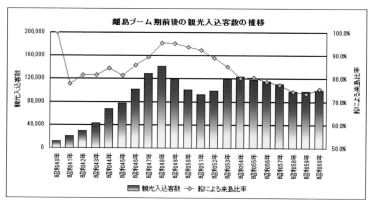

出典：東京都産業労働局観光部よりデータを提供いただき筆者がグラフ化しました。

◆三宅島の宿泊施設の状況（昭和46年と昭和54年の比較）

地区名	年	旅館			民宿			合計	
		軒数	収容人員	1軒当たり人数	軒数	収容人員	1軒当たり人数	軒数	収容人員
神着・伊豆・伊ヶ谷 大久保	昭和46年	5	167	33.4	27	535	19.8	32	702
	昭和54年	3	183	61.0	35	1,124	32.1	38	1,307
阿古	昭和46年	2	78	39.0	49	725	14.8	51	803
	昭和54年	4	150	37.5	57	1,492	26.2	61	1,642
坪田	昭和46年	5	99	19.8	36	750	20.8	41	849
	昭和54年	5	111	22.2	44	1,610	36.6	49	1,721
合計	昭和46年	12	344	28.7	112	2,010	17.9	124	2,354
	昭和54年	12	444	37.0	136	4,226	31.1	148	4,670

資料：三宅村役場（1970.4.1）『三宅村村勢要覧〜昭和45年・46年版』、p.48
　　　三宅村役場（1980.10.1）『三宅村村勢要覧〜昭和53年・54年版』、p.50

2000年の噴火以降の観光客の減少

　先に伊豆諸島の観光実態でみてきたように、三宅島への観光客は、2000年の噴火以前は約8万人であり、この数は伊豆諸島のなかでも大島、八丈島に次いで3番目となっていました。しかし、2000年の噴火以降の観光客は半分になったことから、近年では伊豆諸島のなかでも大島、八丈島、新島、神津島に次ぐ5番目になっています。

　離島ブーム以降、伊豆諸島を訪れる観光客は全体的に減少傾向にありますが、なかでも三宅島は、近年、極端に観光客の数が減っていることがわかります。このように近年、三宅島で極端に観光客が減少している背景には、三宅島では2000年の噴火以降も、火山ガスの放出がつづいていたことが原因として考えられています。

三宅島へのアクセス

　三宅島へのアクセスは、海路と空路があります。海路は東京竹芝桟橋より大型客船が1日1便運行（運行時間は約6時間半）しています。空路は島の東北部に1,200mの滑走路を備えた第三種空港が設置されていて、現在、東京都調布空港と三宅島空港間を1日3便（繁忙期は4便）往復就航（運行時間は片道約50分）しています。その他のアクセスとして，三宅島空港にはヘリポートが併設され、伊豆諸島間でのヘリコプターでの移動も可能となっています。

交通アクセス

本土との交通には海路と空路があり、海路は大型客船で東京の竹芝桟橋から約6時間半、空路は飛行機で調布飛行場から約50分、ヘリでは御蔵島から約10分、大島からは約20分となっています。島内では公共交通機関として村営バスが運行しています。

■海路
＜大型客船＞東海汽船
　竹芝桟橋発 22:30 → 05:00 三宅島着
　三宅島発 13:35 → 19:40 竹芝桟橋着
※上り便が大島に寄港する場合は、20:45 竹芝桟橋着。

■空路
＜飛行機＞NCA 新中央航空
　　　　　調布発　　三宅島（着／発）　　調布着
1便 09:15 → 10:05/10:30 → 11:20
2便 11:10 → 12:00/12:45 → 13:20
3便 14:40 → 15:30/16:00 → 16:50
※季節、曜日による変更あり。

＜ヘリ＞東邦航空 東京愛らんどシャトル
　御蔵島発 10:55 → 11:05 三宅島着
　三宅島発 11:10 → 11:30 大 島着
　大 島発 14:55 → 15:15 三宅島着
　三宅島発 15:20 → 15:30 御蔵島着

■公共交通機関
＜村営バス＞
　1日10便（右回り、左回り各5便）
　その他、早朝に到着する船に合わせ、各到着港から右回り、左回りの便が毎日運行。

出典：三宅村村勢要覧（平成30年12月）、三宅村

竹芝出航後、ライトアップされたレインボーブリッジをくぐる。旅情を感じさせる。空路は離陸後、左側に三宅島が俯瞰できる（2020年3月筆者撮影）。

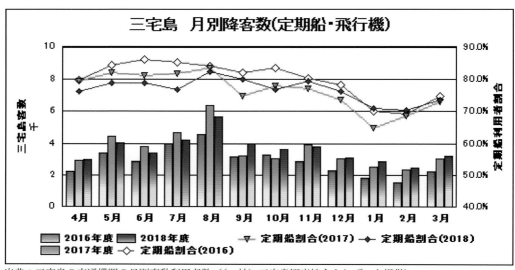

出典：三宅島の交通機関の月別変動利用者数（（一社）三宅島観光協会よりデータ提供）
注１：定期船と飛行機の来島乗降客数をグラフ化したもので、数値には島民も含まれており、観光目的だけに限定したものではありません。

　船と飛行機で三宅島を訪れる人の割合は、2016年度は船の利用者が80.8%、2017年度は77.7%、2018年度は77.3%と、全体の約8割が海路での来島となっています。また、月別にみると、来島者数は、8月がピークで、次いで7月、5月となっています。9月と冬期間は、天候の関係で定期船での来島はやや低い状況となっています。

テクニカルノート5　観光実態の評価法……人×時間×満足度

　観光入込客数を把握している地域は多くあります。観光入込客数の増減を把握することは大切ですが、これだけでは観光による地域への効果を把握できません。例えば、地域を訪れた多くの方々が30分しか滞在していなければ、地域での消費額は極めて少なく、観光による経済効果は期待できません。滞在時間が長くなれば、消費につながり、地域への経済効果は高まってきます。

　すなわち、単に観光入込客数だけでなく、平均滞在時間と掛け合わせることが大切となります。その把握のためには、地域で来訪者の観光行動調査を実施する必要があります。

　さらに、訪れた観光客の満足度も大切です。満足度が高まると、"少しでも長くいたい"あるいは"また来てみたい"と思うでしょう。そう、滞在時間の延長化あるいはリピート来訪の促進につながるのです。これもまた、観光行動調査を実施することで、来訪者の満足度を把握することができます。

　観光実態の評価にあたっては、【人（観光入込客数）×時間（滞在時間）×満足度】を評価の視点としてもつことが大切です。

あなたのお気に入りの観光地や
故郷の区市町村の観光の実態を調べてみよう！

お気に入りの区市町村の観光の実態・特徴を 観光に関わるデータをもとにまとめてみましょう！
（例）10年前には今よりも多くの人が来ていたが、ピークより30%減少している。

観光の実態を知るために必要なデータをまとめておきましょう！	
こんなデータがあるといいな	何に使うために／データから何がわかりそう
例）観光客の月別の来訪者数	ピークのシーズンとオフシーズンを知るため

第1章
第2章
第3章
第4章
第5章
第6章
第7章
第8章

第3章　三宅島の成り立ち

東京から南へ約180km。**壮大な大地と海に囲まれた火山島**

出典：東京都総務局三宅支庁（平成31年3月）『三宅島』、p.1-2

第1章

第2章

第3章

第4章

第5章

第6章

第7章

第8章

▌ 三宅島の地勢

　三宅島は東京から南南西に180km（北緯34度5分・東経139度34分）に位置する、東京都の伊豆諸島に属している島です。三宅島の面積は55.5km²、周囲は35kmあります。三宅島は伊豆諸島のなかで大島、八丈島に次いで3番目に大きな島です。島の面積は、山手線の内側とほぼ同じ面積（山手線内側の面積（63km²）よりも約1割小さく、周囲の距離は、山手線一周（34.5km）よりも約1割程度長い）となっていて、島全体がほぼ円形をなしているのが特徴です。島内には、島を一周できる約33kmの都道・三宅循環線が走っていて、車やバスを使うと約1時間で島を一周することができます。

　三宅島は富士火山帯上にあり、島の中央には三宅島のシンボルとなっている雄山（標高775m）があります。雄山の山頂および山腹は数多くの爆発火山口を残していて、近年でも噴火を繰り返しています。最近の噴火は2000年に発生しています。

37

テクニカルノート6　地域の成り立ちによる特徴

　地域の特徴は、成り立ちによって違いがあります。特徴的な成り立ちの一つが、例えば、門前町、港町、城下町、宿場町、商都、在郷、農村・漁村などと呼ばれている地域の成り立ちです。港町は、外部との交易によって地域経済が回っていました。人と物資の往来に加えて、情報も人や物資とともに地域に入ってきたため、現在でも、集客や観光に対して、前向きな姿勢が多くみられます。往来による経済活動によって活況を得ていた門前町も同様です。逆に城下町は、保守的な考えが多くみられ、新しい取り組みに対しては消極的なケースが見られることがあります。商都や宿場町では、地域内での一体感がある一方で、競争心も強い傾向がみられます。

　地域での共通認識を得る方法として、地域が最も輝いていた時期を取り上げ、その時との違いを話題にすると効果が得られることがあります。しかしこの方法は、「昔はよかった」と懐古的な感傷に陥ることなく、原点をあらためて確認したうえで、将来に向けた目標と目的を共有することに使いたいものです。

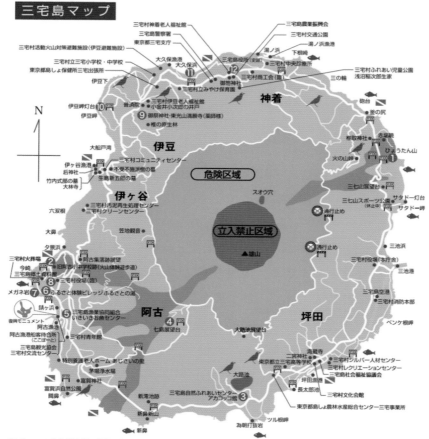

出典：三宅村村勢要覧（平成30年12月）、三宅村

三宅島の名前の由来

　三宅島の名前の由来については、いくつかの説があります。

三家島：島を遠くから見ると、三つの家が並んだように見えたことから、三つの家の島、三家島と呼ばれたという説

御焼島：過去から噴火が多い島だったため「焼島（やけしま）」と呼ばれ、神によってつくられた島であるとされていたため「御焼島（おんやけのしま）」と呼ばれるようになった説

宮家島：創造主とされる事代主命（ことしろぬしのみこと）が渡られたことや、三宅島には式内社が12社（全国平均の20倍という試算結果も）もあり、お宮を象徴した島名として「宮家島」と呼ばれた説

流人の名前に由来する説：養老3年（719年）、多治比真人三宅麻呂（たじひのまびとみやけまろ）が謀反の罪によりこの島に流されたことに起因するとされる説

三宅島の気候

　気候は周囲を流れる黒潮の影響をうけ、温暖多湿な海洋性気候となっています。年間の平均気温は17.5℃となっていて、夏は涼しく冬は暖かいのが特徴です。降水日数については、年間平均で150日となっていて、比較的雨の降る日が多いのが特徴です。降水量は年間平均で2,907mmとなっていて、これは東京都千代田区大手町の年間降水量の約1,467mmと比較すると、約2倍の量となっています。

■月別平均気温と降水量 （東京比較）

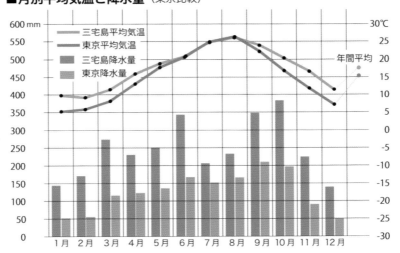

■月別最低・最高気温

	1月	2月	3月	4月	5月	6月	7月	8月	9月	10月	11月	12月	年平均
最低気温	7.0	6.6	8.8	12.5	16.0	19.2	22.9	23.9	22.0	17.9	13.7	9.4	15.0
最高気温	11.9	11.9	14.5	18.4	21.6	24.1	27.3	28.8	26.4	22.5	18.7	14.4	20.0

※データは気象庁より引用

出典：三宅村村勢要覧（平成30年12月）、三宅村

39

富士箱根伊豆国立公園に全体が指定されている三宅島

　自然公園とは美しい風景を保護していくとともに、その中で自然に親しみ、野外レクリエーションを楽しむことができるよう指定された公園であり、自然公園法に基づいて「国立公園」「国定公園」「都道府県立自然公園」の3種に分けられています。

　主に玄武岩から成り立ち、度重なる噴火でできた荒涼とした溶岩原を有する三宅島は、荒々しい海岸風景と独特の自然景観をつくりあげ、島全体が富士箱根伊豆国立公園に指定されています。まず、1955（昭和30）年4月に伊豆七島国定公園に指定され、その後、1964（昭和39）年7月に富士箱根伊豆国立公園に昇格編入されました。

　すぐれた自然の景観を保護するとともに、その利用の増進を図るために、自然公園内では一定の行為について規制がされています。規制の内容は、景観の状況に応じてランク分けされた地種区分によって基準が異なり、以下のような区分がなされています。

特別保護地区	三宅島・御蔵島を特徴づける代表的景観で、特に厳重に景観の維持を図る必要がある地域	大路池、三七山、ひょうたん山、雄山山頂付近など
第1種特別地域	特別保護地区に準ずるような独特の火山景観を呈している場所や島特有の植生をとどめている場所で現在の景観を極力保護することが必要な地域	新澪池跡、新鼻、雄山山頂外縁部など
第2種特別地域	雄山山腹の自然林やツゲ、スダジイの林など、島の自然景観が良好に維持されており、自然資源も保全されている地域	
第3種特別地域	通常の農林漁業活動について、原則として認めながらも調整を図り、乱開発を防止しつつ、全般的な風致の維持を図っていく地域	
普通地域	特別地域の質は有しないが、景観上特別地域と一体となす、地域内の集落地や農耕地等で、風景の保護を図っていく地域	
海中公園地区	海の「特別保護地区」。発達した珊瑚の群落や、回遊魚、熱帯魚がおりなす美しい海中景観を有する地域であるため海中及び陸上の景観を一体的に保護していくことが必要な地域。伊豆諸島では三宅島が初めての指定	

出典：東京都三宅支庁「三宅島・御蔵島の自然公園」の記載による
　　　https://www.soumu.metro.tokyo.lg.jp/14miyake/miyakehp/dobokukouwanka/kanri.html

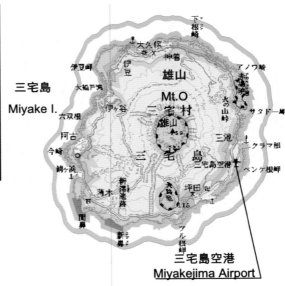

凡　例	
	特別保護地区 Special Protection Zones
	特別地域 Special Zones
	海中公園地区 Marine park Zones
	普通地域 Ordinary Zones
	乗り入れ規制地区 Restricted Zones of Vehicles, Horse and et al.

出典：環境省関東地方環境事務所 ホームページに掲載されている区域図：概略図（縮尺 1/200,000）
　　　をもとに三宅島を転写
　　　http://www.env.go.jp/park/fujihakone/intro/files/area_3.pdf

三宅島の歴史（1）── 原始・古代

　三宅島の誕生は、約 15 万年前（または 10 万年前）頃にさかのぼります。付近の海底で噴火が起こり、溶岩やスコリア、火山灰などを繰り返し噴出しながら成層火山としての三宅島が海上に姿を現したと考えられています。島内の各地区には、縄文時代から古墳時代に至る遺跡などが発見されていて、その頃から人が住んでいたことがわかっています。

MEMO 「ココマ遺跡」：古代の島の人たちの暮らしぶりがわかる

　坪田地区の海に面した洞穴住居跡で、ここから弥生時代のものとされるイノシシ、ニホンシカ、バンドウイルカなどの骨が発見されています。この遺跡の調査から、弥生時代にはすでに人が住んでいて、イノシシを家畜としていたことがわかっています。

三宅島の歴史（2）── 中世・近世

　三宅島は室町時代には関東管領上杉氏の支配下に置かれていました。その後、戦国時代に入ると伊豆諸島は小田原北条氏の支配下になり、その支配は 1590（天正 9）年の北条氏滅亡のときまでつづきました。

　三宅島は、伊豆諸島のなかでも神社の数が最も多く、927（延長 5）年に編成

41

された全国の神社一覧によると、伊豆諸島にある24の式内社のうち12社が三宅島に集中しています。このような資料からも、三宅島の人たちは古くから信仰心が強かったことがわかります。また、島内にある御笏神社や富賀神社などは、平安末期から室町期にかけての出土鏡がたくさん発見されていて、それらは中世の三宅島における信仰を知るうえでの貴重な資料になっています。

江戸時代になると、三宅島は江戸幕府の天領（直轄地）となりました。またこの頃には現在の5つの集落、伊ヶ谷、神着、伊豆、坪田、阿古にわかれていたことが古文書などの記録からわかっています。

当時の三宅島について「嶋明細帳」（1846年）では、人口は2,324人、家数314軒、畑地130町、流人275人、牛馬数360頭、漁船44隻と記録されています。また当時の三宅島の人たちの生活については、かつおぶし、干物、竹木、薪などを江戸の島問屋に卸し、それらの物産と生活必需品などを交換していたことが記録に残されています。

MEMO　三宅島への流人

三宅島には、歴史的にたくさんの流人が本土から流されてきました、江戸時代には1,000人以上の人々が三宅島に流され、当時、流人の数は島民人口の1割を超えていたともいわれています。

なかにはさまざまな知識をもつ流人もおり、島の文化に少なからぬ影響を与えました。たとえば、江戸時代に江戸幕府を批判した罪で遠島の刑に処せられた江戸の絵師、多賀朝湖（後に英一蝶と改名）がいます。彼は三宅島に流刑中、多くの作品を残しています。また、その他の有名な流人は、絵島事件で有名な江戸時代の歌舞伎役者の生島新五郎、禊教の教祖の井上正鉄、任侠の小金井小次郎、尊王思想家の竹内式部など歴史上の人物もおり、流人にまつわる史跡などは島内のいたるところで見ることができます。

三宅島の歴史（3）── 近現代

三宅島は1878（明治11）年に静岡県から東京府（現在の東京都）に編入されました。1946（昭和21）年には、伊ヶ谷村、神着村、伊豆村の三ヶ村が合併して、三宅村が成立することになります。そして、1956（昭和31）年には、三宅村、阿古村、坪田村が合併して、今日の三宅村が誕生しました。

ここでは、江戸時代の古文書などの記録からわかっている5つの集落の特徴を順番に見てみることにしましょう。

1972（昭和47）年の三宅村村勢要覧の概要図では、伊ヶ谷、神着、伊豆、坪田、阿古の５つの集落に加えて三池が描かれています。また、東京との航路による交通機関として、阿古港と三池港の２箇所が示されています。まだ伊ヶ谷港には着岸していませんでした。

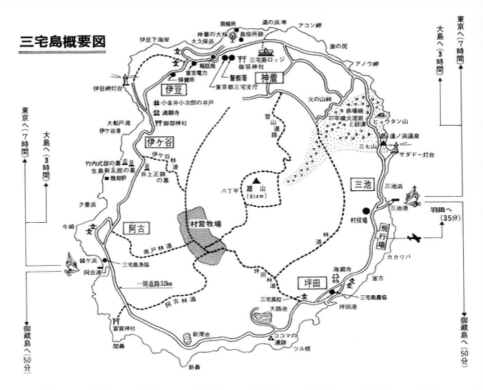

出典：三宅村村勢要覧〜昭和45年・46年版（昭和47年4月1日）、三宅村役場

阿古地区→ p.44　　伊ヶ谷地区→ p.48　　伊豆地区→ p.50

神着地区→ p.52　　坪田地区→ p.54

出典：東京都総務局三宅支庁（平成31年3月）『三宅島（冊子）』、p.91-92より引用

阿古地区（あこ）

　西南部に位置する地区です。地名の由来は、三宅島の創造主である 事代主命（ことしろぬしのみこと）の后、伊古奈比咩命（いこなひめのみこと）と、その皇子の阿米都和気命（あめつわきのみこと）の一文字をとり、阿古と称したと言われています。

　阿古地区には、源為朝が逃れて住んでいたとされる屋敷跡、1987（昭和62）年の噴火で溶岩に埋没してしまった旧阿古小中学校跡、三島大社の本家にあたる富賀神社、現在の三宅村役場、三宅島観光協会などがあります。また村営温泉「ふるさとの湯」やホテル・民宿などの宿泊施設も多くあります。南に位置する錆ヶ浜には海水浴場や園地などもあります。

見所	○夕景浜（夕陽スポット）　○人形岩　○郷土資料館
	○ふるさとの湯　○阿古海岸（錆ケ浜海水浴場）
	○錆ケ浜園地　○火戸寄神社（ほどりじんじゃ）　○荒島神社　○差出神社
	○富賀神社　○雄山環状林道（七島展望台～坪田林道）
ジオスポット	○火山体験遊歩道（旧阿古小学校）　○旧阿古集落展望地
	○鉄砲場　○今崎海岸　○メガネ岩　○コシキの穴
	○村道雄山線　○笠地・笠地観音　○七島展望台
	○富賀浜・富賀浜園地　○薄木溶岩流
	○新澪池跡・新澪池園地　○新鼻新山（にっぱなしんざん）

参考資料：東京都総務局三宅支庁（平成31年3月）『三宅島（冊子）』、p.95-103を参考に作成

MEMO　絶景はいつ見られる？　──メガネ岩からの落日

　1643年、コシキ火口から噴出した大量の溶岩が、今崎海岸を作りました。2つ並んだ姿から、メガネ岩と呼ばれる名所になったのです。残念ながら、メガネ岩の一方は、1959年の伊勢湾台風で天井が落ちてしまいました。

　それでも、溶岩の間から三本岳に沈む落日は、島内随一とされています。毎年11月上旬と2月上旬にその絶景を見ることができます。

火山体験遊歩道

　1983（昭和58）年の噴火によって溶岩流に飲み込まれた阿古集落跡に整備されている遊歩道。小中学校跡も当時のまま残されていて、噴火のすさまじさを直接感じることができます。

●1983（昭和58）年噴火と阿古集落の被害

　1983（昭和58）年10月3日15時15分頃、雄山の南西山腹の二男山付近に割れ目噴火が発生し、高さ数十メートルに及ぶ灼熱の溶岩を吹き上げ、溶岩が流れ出しました。島の南西海岸にまで拡大した火口列からあふれでた溶岩は3方向に流れ出し、噴火開始から2時間後には一周道路（都道）をこえて、阿古地区に流れ込みました。

阿古温泉郷のかつての風景（2019年9月筆者撮影）

　当時、観光や漁業の中心であった阿古地区には、約520世帯、約1,300人の人々が生活していました。溶岩流は住宅や学校をのみこみ、340棟が溶岩流及びその熱で全壊全焼という甚大な被害をもたらしました。

　しかし、幸いにして防災関係機関や住民の円滑な対応により人的な被害は免れたのです。死者ゼロの秘密は、住民の沈着冷静な行動と、昼間だったこと、そしてこの年の8月24日に行われた防災訓練の成果などがあげられます。

　また、この噴火の際には、溶岩の進行を阻

火山体験遊歩道〜ブラジルから取材に訪れていました（2019年9月筆者撮影）

止するため、前進する溶岩に放水して冷却させる試みが、日本で初めて実行され
ました。

（火山体験遊歩道のサインの記載情報より）

● 阿古集落の当時の人々のくらしと人々の避難

《阿古集落の当時の人々のくらし》

　阿古集落は、1983（昭和58）年噴火当時、約520世帯、1300人の人々が
生活していました。阿古の人々は明るく元気の良い気質。そして、阿古地区は観
光や漁業等の中心地であり、賑わいと活気のある集落でした。集落には温泉施設
があり、また各家庭にも温泉が引かれていました。観光客や島内の他の地区から
温泉につかりに来る島民もいるような「阿古温泉郷」と呼ばれる集落だったので
す。

《阿古集落の人々の避難》

　賑やかな阿古集落が、10月3日の噴火により一日にして姿を変えてしまいま
した。15時15分頃割れ目噴火が発生し、この噴火による溶岩が阿古集落に流
れ込んだのが噴火から約2時間後、これは阿古集落から最終の避難バスが通過
した、たった10分程の出来事でした。その後も最後まで阿古集落に残っていた
消防団・警察・医者・教職員の人々は、すでに伊ヶ谷・坪田方面とも道路は溶岩
流でふさがれてしまったため、漁船で海からの避難を行ったのです。

　阿古集落をのみこんだ溶岩は、しばらくの間熱を持ちつづけ、噴火後約3カ
月後でも溶岩の上を歩くと、靴の底のゴムを溶かすほどの熱を持っていたという
ことです。

　11月末には、阿古下錆地区と神着湯舟地区に仮設住宅が建設され、その後2
年間、被災した住民は仮設住宅での生活を余儀なくされました。阿古下錆地区に
は小中学校の仮設校舎も作られ、仮設住宅で生活を送る人々は学校から聞こえて
くる子供たちの元気な声や歌声に元気付けられ、また励まされていたということ
です。

（火山体験遊歩道のサインの記載情報より）

● 1983（昭和58）年当時の阿古中学校

　当時、阿古中学校は生徒数61名、教職員数18名でした。噴火当日10月3
日は前日の運動会の振替休日で学校は休み。生徒たちは雄山や新澪池に行ったり、
自宅でくつろいだりと、様々に休日を過ごしていました。その穏やかな休日が一
変、阿古地区に溶岩流が流れ込み、阿古小中学校はまるで溶岩をせき止めるかの
ように校舎の2階部分までを溶岩流に埋められてしまったのです。

第1章

第2章

第3章

第4章

第5章

第6章

第7章

第8章

　校舎の隣にあるプールには、1983年の夏に、観覧席が新しくつくられたばかりでした。9月、新設された観覧席に保護者や来賓の方を迎えて三中学水泳記録大会が開催されました。観覧席からの大きな応援の声は、この時、一回だけのものとなってしまいました。

（火山体験遊歩道のサインの記載情報より）

● 1983（昭和58）年当時の阿古小学校

　当時、阿古小学校は生徒数99名、教職員数16名でした。噴火の前日、10月2日は小中学校合同運動会が行われました。運動会当日は真夏を思わせる蒸し暑い晴天の日であり、絶好の運動会日和。校庭では生徒たちが元気に力いっぱい競い合い、お父さんやお母さんから大きな声援の声が響いていました。

　翌日、10月3日。噴火で発生した溶岩流は、窓枠を押し破り、校舎内まで侵入し、校舎の2階まで埋め尽くしました。残された3階は左側の教室から音楽室、中央が準備室、右側が図書室。窓枠が変形しガラスは割られていましたが、図書やグランドピアノは奇跡的に残されていました。

（火山体験遊歩道のサインの記載情報より）

温泉事業

【概況】住民保険の増進と島内観光資源の開発を目的として開発した三宅島温泉は、1973（昭和48）年7月5日に完成し、同年9月1日より阿古地区へ給湯を開始しました。この温泉は療養泉として効果があり、ホテル、旅館、民宿及び一般家庭用として利用されていました。また、温泉湧出量が豊富であり有効利用を図るため、1977（昭和52）年度から島外者への温泉口数の売り出しも行っていました。

管理者	三宅村
所在地	三宅村伊ヶ谷
給湯区域	阿古地区（昭和48年給湯開始）
泉質	含臭素一強食塩泉（緩和高張性高温泉）
泉温	54℃
最大湧出量	毎分600ℓ（動力）
温泉の適応症	リウマチ性疾患、運動器障害、創傷、慢性湿疹及び角化症、虚弱児童、女性性器慢性炎症、卵巣機能不全症、子宮発育不全症及び月経障害、更年期障害
飲用の適応症	慢性消化器疾患、慢性便秘
吸入療法適応症	慢性気管支炎、咽喉炎
灌注療法適応症	女性性器慢性炎症、下腿潰瘍
利用施設	民宿（39戸）、ホテル（1戸）、三宅村地域福祉センター（1戸）、一般家庭（115戸）　合計156戸　※ 1980（昭和55）年4月1日時点

資料：三宅村役場（昭和55年10月1日）『三宅村村勢要覧〜昭和53年・54年版』、p.54

伊ヶ谷地区
（いがや）

出典：東京都総務局三宅支庁（平成31年3月）『三宅島（冊子）』、p.85-86 より引用

　西部に位置する地区です。伊ヶ谷村の誕生は、室町時代の1471（文明3）年と記録されており、阿古と伊ヶ谷の中ほどの長根から追われて大船戸に移り住んだことが伊ヶ谷の原点とされています。

　伊ヶ谷地区には、伊ヶ谷港がありますが、ここは江戸時代に本土と島を結ぶ港として栄えていた場所です。伊ヶ谷地区には、東京都の文化財になっている銅鏡を所蔵する后神社、勤王家竹内式部の墓が境内にある浄土宗大林寺、江戸時代に起こった絵島事件で知られる歌舞伎役者の生島新五郎の墓などがあります。

見所	○大船戸大橋　○竹内式部の墓・生島新五郎の墓
	○陣屋・島牢跡・希望の鐘（大林寺）　○后神社（きさいじんじゃ）
	○源為朝の袂石（たもといし）　○さかえばし
ジオスポット	○大船戸海水浴場 … 三宅島唯一の砂のビーチ

参考資料：東京都総務局三宅支庁（平成31年3月）『三宅島（冊子）』、p.88-90 を参考に作成

MEMO　生島新五郎の墓

　伊ヶ谷には、江戸時代中期の歌舞伎役者であった生島新五郎の墓があります。生島新五郎は江戸山村座専属の人気の歌舞伎役者でした。そんななか、彼は当時の江戸大奥の女中、絵島と恋をします。しかしその恋は、大奥の権力争いを巻き込み、結果的に 1,000 人以上の処分者を出す大騒動になってしまいました。この大騒動の発端をつくった罪により、生島新五郎は三宅島へ、絵島は長野（高遠）へ流刑となりました。この大騒動は「絵島・生島事件」として有名ですが、2 人の恋の悲劇は、江戸時代から現代にかけて、講談・小説・映画などの題材として数多く取り上げられています。近年でもこの事件を題材にした「大奥」（2006 年）が映画化されています。

MEMO　三宅島の海水浴場

　伊ヶ谷には、「大船戸海水浴場」があります。海水浴場と聞くと、海と砂浜のイメージですが三宅島の海水浴場はそのイメージとは違います。三宅島は、過去の数々の噴火で溶岩が海へと流れ、その都度、島の面積が広くなってきました。そのため島内には 4 つの大きな海水浴場がありますが、そのほとんどは火山島を実感する黒い砂浜のビーチ（溶岩の残骸）が広がっているのが特徴です。そのなかで唯一、美しい砂のビーチがあるのが「大船戸海水浴場」です。三宅島では、火山島ならではの海水浴と美しい砂のビーチの海水浴、両方の海水浴を楽しむことができるのです。

美しい砂のビーチ「大船戸海水浴場（写真左）」と「大久保浜（写真右）」。火山島ならではの海水浴と美しい砂のビーチの両方が楽しめる三宅島（2019 年 9 月筆者撮影）。

出典：東京都総務局三宅支庁（平成31年3月）『三宅島（冊子）』、p.77-78より引用

　北西部に位置する地区です。地名の由来は、かつて伊豆国の人々が多く移り住み、また伊豆半島がよく眺望できるため、伊豆と称したとされています。

　伊豆地区には、東京都三宅支庁、東京都教育庁三宅出張所、三宅島警察署、NTT東日本南関東・三宅島サービスセンター、三宅中学校、三宅小学校など公共施設が集中しています。また伊豆地区には、東京都の文化財になっている絵師英一蝶の描いた「二十四孝」の墨絵を所蔵する満願寺薬師堂、東京都無形民俗文化財に指定されている「田楽舞」の発祥とされる御祭神社などがあります。さらに西部の海岸寄りには東京都の天然記念物に指定されている堂山のシイ、西部の伊豆岬には明治42年に造られた伊豆岬無人灯台などがあります。

　伊豆岬のベンチに座れば、紺碧の太平洋と後ろには雄大な雄山を見ることができ、この島が火山と黒潮の島であることを感じることができます。

見所	○大久保浜（夕陽スポット）　　○小金井小次郎の井戸
	○普済院　　○御祭神社・満願寺　　○物見処遺跡
ジオスポット	○伊豆岬・伊豆岬灯台（夕陽スポット）　　○赤じゃり公園

参考資料：東京都総務局三宅支庁（平成31年3月）『三宅島（冊子）』、p.79-81を参考に作成

50

MEMO　地層が間近に見られる伊豆岬

　伊豆岬で見られる地層は、三宅島の中でも最も美しい地層のひとつで、大変貴重なものです。この地層から、過去1万年の三宅島の噴火史が明らかになりました。

　村道の上側の地層は2500年前以降に堆積したもので、6回以上の噴火記録が読み取れます。スコリア（黒い軽石）や火山灰の入っているジャリジャリした地層が噴火を示し、その間の黒い層は、噴火がしばらく休止し、植物の腐食がたまって土壌が形成されたことを示しています。

　村道の下側には2500年より古い年代の噴出物が観察できます。ここに見られる新島向山火山灰（886年）の下には、三宅島の灰をはさんで、薄い細かな白い火山灰が見つかっています。この火山灰は、ほぼ同時期（838年）に噴火した神津島天上山の噴火によるものと推定されています。

MEMO　三宅島と小金井市との関係

　小金井小次郎は武州小金井（現在の東京都小金井市）の名主関氏の次男で、博奕の罪で1856年から12年間、三宅島（伊豆地区）に配流になりました。在島中、小次郎は水に悩む島民の姿を目の当たりにし、なんとかしようと私財を投じて貯水槽をつくりました。貯水槽はそれ以降、伊豆村の貴重な水源として利用されてきました。当時の貯水槽は現在も「小金井小次郎の井戸」と名づけられ現存しています。

　小次郎は1868年に罪を許され、江戸に戻りました。そのとき伊豆村出身の娘を養女として伴い、その子孫は現在も小金井市に居住しています。それから後、1978年に小次郎との縁により、三宅島と小金井市は友好都市盟約を締結しました。その10年後、小金井市から三宅島へ250本の桜苗木が贈呈されました。その桜苗木は「小金井小次郎の井戸」の周囲に植えられ、現在では島における桜の名所になっています。

2019年9月筆者撮影

出典：東京都総務局三宅支庁（平成31年3月）『三宅島（冊子）』、p.135-136より引用

　北部に位置する地区です。三宅島の創造主である事代主命は、島根半島を旅立ち、紀伊国を経て伊豆半島に立寄り、三宅島に渡ったとされています。三宅島に渡った際に上陸した地であった名の通り、神が着いた場所として神着が命名されました。

　神着地区には、御笏神社、島役所跡などがあります。島役所跡は、三宅島の地役人で神主だった壬生氏の屋敷で、現存する木造建築では伊豆諸島中最大、最古のものだといわれています。敷地内には、東京都の天然記念物に指定されているビャクシンの大木があります。

見所	○御笏神社（おしゃくじんじゃ）　○島役所跡　○神着の大ザクラ ○故浅沼稲次郎の生家　○湯舟大橋 ○カメ公園　○火の山峠園地
ジオスポット	○椎取神社　○釜の尻海岸

参考資料：東京都総務局三宅支庁（平成31年3月）『三宅島（冊子）』、p.138-141を参考に作成

MEMO　神着の大ザクラ

　桜といえば「ソメイヨシノ」が有名ですが、三宅島の桜は「オオシマザクラ」が有名です。なかでも元勤労福祉会館の庭に咲く「神着の大桜（旧名：霊社の桜）」と呼ばれる巨樹は、東京都の天然記念物に指定されています。この巨樹は幹回り5m、樹高6.5mあり、その樹齢は500年以上だと言われています。三宅島には、この他にも「神着のビャクシン」と呼ばれる樹齢450年以上だと言われる巨樹が現存するなど、自然の偉大さを感じさせてくれる巨樹・巨木がたくさん存在しています。

MEMO　壬生家

　事代主命の御一行が三宅島に上陸をしたとき、三宅島の旧家である壬生氏の祖先、壬生御館は事代主命の従者の一人として、三宅島に渡りました。その後、壬生家は代々、島長・神官として1000年以上にわたり島の祭政のリーダー的な役割を担ってきました。神着地区に現存する壬生家の屋敷（島役所跡）は1534年に建造されたものです。これは現存する木造建築として、伊豆諸島で最大最古と言われています。

島役所跡の前庭にあるビャクシンは、幹回りが約7m、高さ約26mと、東京都内でも最大級のビャクシンである（東京都教育委員会）。

2019年3月筆者撮影

MEMO　カメ公園

　三宅島の東側の海岸では、ウミガメをよく見ることができます。三宅島で観察できるウミガメは、主にアオウミガメとアカウミガメです。ウミガメは、卵からかえるとすぐに海へ旅立ち、その後は生活のほとんどを海中で過ごします。野生のウミガメを観察できるスポットは国内でも珍しいと言われていますが、三宅島では観察することが可能です。

　そんなウミガメを観察できるスポットとして、有名なのが神着にある「カメ公園」の展望台です。また、三宅島ではウミガメの姿を見られるだけなく、運がよければ貴重な産卵の様子も見ることができます。

第1章
第2章
第3章
第4章
第5章
第6章
第7章
第8章

出典：東京都総務局三宅支庁（平成31年3月）『三宅島（冊子）』、p.117-118より引用

　東南部に位置する地区です。地域一帯が壺状の形をしていたことから壺田と呼ばれていたという説、古代において畑を共同開発した後に個々人に坪分けしたことから坪田と呼ばれたという説があります。

　坪田地区には、三宅島空港、三池港などがあり、島外からの交通の要衝の地となっています。また坪田地区には、三宅高校、国の重要文化財に指定されている銅造観音菩薩立像を所蔵する海蔵寺、東京都の有形文化財に指定されている銅鏡18面を所蔵する二宮神社、ココマ遺跡、サタドー灯台などがあります。さらに西部には、原生林に囲まれた火口湖「大路池」があり、ここの地下水は人々の給水源となっています。

見所	○久良浜神社（高山様）　○三池浜・三池浜園地　○三池港
	○海蔵寺　○二宮神社
	○三宅村レクリエーションセンター（スポーツクライミング施設）
	○アカコッコ館　○立根橋公園　○坪田林道
	○大路池（たいろいけ）・大路池園地・大路池展望台・迷子椎
ジオスポット	○赤場暁　○ひょうたん山　○三七山（さんしちやま）　○サタドー岬
	○釜方海岸・沖原海岸　○長太郎池

参考資料：東京都総務局三宅支庁（平成31年3月）『三宅島（冊子）』、p.120-127を参考に作成

MEMO　なんで「ひょうたん山」というの？

　1940（昭和15）年に噴火を起こした「ひょうたん山」。この景観は新東京百景にも選ばれています。現在のひょうたん山の火口は、直径100m、深さ30mです。現在火口は一つしか残っていませんが、噴火当時は、海側に30mほど低いもう一つの火口がありました。横から見るとまるでひょうたんを伏せた形に見えたそうです。現在は波の浸食により、火口は海の沖合側に失われています。

スポーツクライミング

スポーツクライミングは、東京2020大会で実施される競技種目です。スポーツクライミングの競技のなかに「ボルダリング」と呼ばれる種目があります。ボルダリングは、高さ4～5mの壁を制限時間内にいくつ登れるかを競う競技です。通常、スポーツクライミングの場合はロープを付けず、4～8手ほどのコースを登るのが一般的です。

三宅島では近年このボルダリングの普及に力を入れています。2011年には廃校になった体育館にクライミングウォールを設置し、その規模と内容は全国の公共施設のなかでも1,2を争うほど充実しています。2016年には新たな壁を増設し、利用者は島内だけでなく全国各地から訪れるようになりました。三宅島のクライミングウォールは、島の新しい集客スポットとして定着するようになってきています。

2019年3月筆者撮影

MEMO　火口に建っている三宅高校　——八重間マール

三宅高校の背後には、切り立った崖が取り巻いています。これは八重間（水溜まり）爆裂火口の火口壁です。火口壁には、スダジイやタブなどの自然植生が豊かに息づいています。

火口壁の中腹で湧く湧水は、1963年に簡易水道が整備されるまでは、坪田地区の貴重な水源として利用されていました。

三宅高校は、日本でも珍しい火口の中に建っている学校なのです。

コラム

1937（昭和12）年5月、昭和の文豪・太宰治が三宅島を訪れ、大路池のほとりで憩いの時間をもち、その後の創作活動につながったとのエピソードがあります。三宅島には1週間ほどの滞在であったようです。

MEMO　三宅島はほぼ山手線と同じ大きさ

　三宅島の面積は山手線の内側の面積や周囲の距離とほぼ同じです（p.37 参照）。三宅島観光協会では、山手線29駅を三宅島外周道路に重ねたクリアファイルを作成しました。それによると、ひょうたん山は上野駅、伊豆岬は目白駅、ふるさとの湯は恵比寿駅あたりに位置することになります。

　三宅島を探索する時に、山手線と重ねて巡ってみるのも、新しい楽しみ方ではないでしょうか。

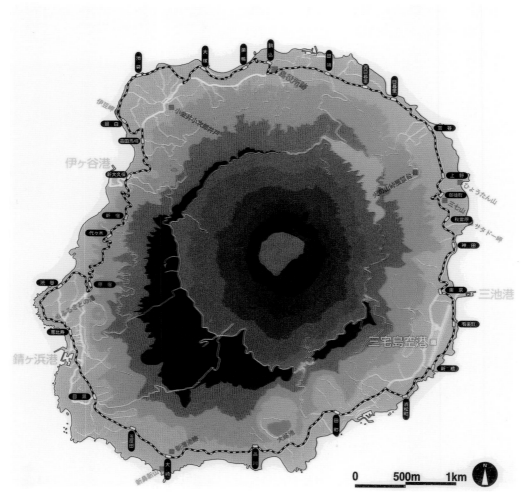

出典：三宅島観光協会作成のクリアファイルをもとに、一部加工。

三宅島の現在の姿

（1）三宅島の人口

　三宅島の人口は 2,538 人（2018（平成 30）年）となっています。三宅島の人口は、1955 年の 7,131 人（昭和 30 年度国勢調査）をピークに減少傾向がつづき、2015 年の国勢調査では 2,482 人にまで減少しています。世帯あたりの人口も、1955 年の 4.19 人／世帯から 2015 年には 1.67 人／世帯になり、核家族化と独居世帯が増加してきています。

　2000 年の噴火以降の三宅島では急激に高齢化も進んでいます。2000 年に起こった噴火以前は、65 歳以上の高齢者の割合は 29％でしたが、2000 年の噴火以降、三宅島の高齢化は急速に進行していて、現在では高齢者の割合が 40％になっています。

　離島における過疎化や高齢化の問題は、三宅島に限らず他の離島でも深刻な社会問題になっています。しかしながら三宅島の場合、2000 年の噴火以降、他の離島と比較しても過疎化や高齢化が急速に進行している状況です。そのため過疎化や高齢化の問題をどのように解消していくのかは、三宅島における今後の大きな課題となっています。

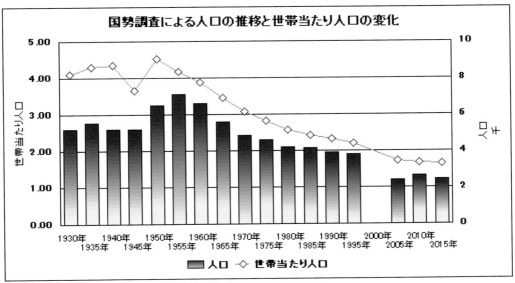

※三宅村発表の人口データ等をもとに筆者が作成。
※ 2000 年の国勢調査は「全島避難」のためデータはありません。

（2）三宅島の産業

　三宅島の就業者は 2015 年の国勢調査で 1,413 人と、2000 年の噴火前の 1995 年と比べて 30.8% 減少しています。特に顕著な減少は、農業（70.3% 減）、漁業（61.5% 減）、卸・小売業（57.2% 減）であり、宿泊等のサービス業の減少は比較的少ない状況です。また、2017 年 4 月現在の業種別商工業者数によると、阿古が 92 社と最も多く、次いで坪田 67 社、神着 54 社となっており、阿古地区が三宅島の中心的役割を担っていることが見て取れます。

　三宅島の産業について、第一次産業では、農業人口が最も多く、次いで漁業・水産養殖業の人口が多くなっています。農業における主な特産物は、噴火発生前は、温暖な気候を活かし、アシタバ・レザーファン・きぬさや・お茶・赤芽里芋・ドラセナ・ユリなどの栽培が盛んでした。しかし、2000 年の噴火災害によって多量の降灰や土石流による直接的な被害に加え、火山ガスの噴出と長期に渡る避難生活による農地・農業施設の荒廃など、農業は壊滅的な被害となりました。また、漁業における主な漁獲物は、イセエビ・タカベ・ムロアジ・トビウオ・イカ・カジキ・カツオ・キンメダイ・トコブシ・テングサ・トサカノリなどの操業が盛んでした。島の特産品に関しては、アシタバの加工品・牛乳煎餅が有名です。

　第二次産業では、建設業が最も多く、2000 年の噴火発生前には、都道・村道の整備、港湾・護岸の維持改修などの土木工事事業に従事していました。

　第三次産業は、島内最大の就業者人口でした。2000 年の噴火発生前は、富士箱根伊豆国立公園にも指定されている観光資源を利用したサービス業・小売業が中心でした。観光業の主なものは、バードウォッチング・スキューバダイビング・イルカウォッチング・釣り・ハイキングなどであり、それらが行われる背景には過去の噴火によって生じた地形である所も多く、観光業と噴火の関わりは強いのが特徴です。2002 年に発表された三宅島復興計画では観光産業を復興活動の基軸とし、将来の観光人口を年間 12 万人にすることを目標としていました。

産業大分類		1995年国勢調査		2015年国勢調査		就業者の20年間の減少率
		就業者数	構成比	就業者数	構成比	
第1次産業	農業	219人	10.7%	65人	4.6%	▲70.3%
	林業	8人	0.4%	5人	0.4%	▲37.5%
	漁業	78人	3.8%	30人	2.1%	▲61.5%
第2次産業	建設業	407人	19.9%	258人	18.3%	▲36.6%
	製造業	33人	1.6%	24人	1.7%	▲27.3%
第3次産業	電気・ガス・水道業	29人	1.4%	16人	1.1%	▲44.8%
	運輸・郵便・情報通信業	113人	5.5%	85人	6.0%	▲24.8%
	卸売・小売業	271人	13.2%	116人	8.2%	▲57.2%
	金融・保険・不動産	17人	0.8%	15人	1.1%	▲11.8%
	宿泊・各種サービス業	621人	30.4%	582人	41.2%	▲0.6%
	公務	236人	11.5%	200人	14.2%	▲15.3%
分類不能の産業		10人	0.4%	17人	1.2%	※
合計		2,042人	100%	1,413人	100%	▲30.8%

業種	建設業	製造業	卸・小売業	金融保険業	運輸通信業	電気・ガス水道業	サービス業	その他	地区合計
神着	6	6	18	2	3	0	17	2	54
伊豆	3	2	5	0	3	1	5	0	19
伊ヶ谷	1	1	1	0	0	0	4	1	8
阿古	18	2	27	0	4	0	40	1	92
坪田	10	4	22	0	2	0	27	2	67
合計	38	15	73	0	12	1	93	6	240

※ 2017（平成29）年4月1日現在　三宅村商工会データより

（3）三宅島の自然環境

①三宅島の植物

　三宅島は別名「みどりの島」と呼ばれているように、島内では国内でも珍しい植物をたくさん見ることができます。なかでも有名なのは「スダジイ」と呼ばれる高さ20m以上になる巨樹です。三宅島の森では、何百年という長い年月をかけてスダジイが育っています。

　p.60の写真は、大路池のすぐ近くにある樹齢600年以上といわれる「迷子椎」です。このスダジイが「迷子椎」と呼ばれている由来は、大路池周辺に迷いこんでも、この大木を目印にすると助かるという言い伝えが関係しています。

　三宅島では初夏（6月〜7月）にかけて「ガクアジサイ」を島内の至るところで見ることができます。「ガクアジサイ」は三宅村の花に指定されています。この花の名前の由来として、真ん中に小さく青色の花が集まり、そのまわりに白

い額縁状の花の飾りがつくことから、この名前が付けられたといわれています。

　三宅島は温暖な気候のため、夏になると色鮮やかなハイビスカス（6月〜10月）やランタナ（5月〜10月）など、南国の植物も多く咲いています。都市部ではなかなか見ることができないような珍しい植物を三宅島ではたくさん見ることができます。

迷子椎（2019年9月筆者撮影）

【ガクアジサイ／ユキノシタ科】
初夏の三宅島を彩るガクアジサイ。ひらたく額縁のように咲くため、この名がつきました。

【スダジイ／ブナ科】
三宅村の木でもあるスダジイは、島全体に生育しています。5月になると黄色の小さな花を穂のようにつけます。

【アシタバ／セリ科】
最近の健康ブームで人気のアシタバ。オオバヤシャブシ林の木陰で栽培し生葉や粉などを出荷します。

【ヤブツバキ／ツバキ科】
屋敷や畑の周りに植えて風を防いだり、実から油を絞ったり、と島の暮らしを守る大切な木のひとつ。花時は12月〜3月。

【サクユリ／ユリ科】
ヤマユリが伊豆諸島で変化した固有変種。世界最大のユリの花で、直径は25cm。球根は赤ちゃんの頭ほどにもなります。

【ハマカンゾウ／ユリ科】
三宅島に初夏の訪れを告げるユリの仲間です。伊豆岬や釜方海岸などに多く、オレンジ色の花は遠くからでも目立ちます。

【ハイビスカス／フヨウ科】
南国調の赤い花が美しいハイビスカス。花の盛りは夏から秋。真冬でも、日溜まりなら花を咲かせています。島のあちこちで見られます。

出典：三宅村役場・三宅島観光協会『三宅島博物誌』、p.5 より引用

②三宅島の鳥

　三宅島は別名「バードアイランド」と呼ばれているように、島内で確認される野鳥は約260種を数えるともいわれています。このなかには、一年中いる留鳥、春から秋にかけて南方から渡ってくる夏鳥、秋から春にかけて北方から渡ってくる冬鳥、渡りの途中に羽を休める旅鳥などさまざまです。

　このなかでも三宅島の野鳥として有名なのは、国の天然記念物に指定され絶滅危惧種にもなっている「アカコッコ」です。アカコッコは、伊豆諸島とトカラ列島のみで繁殖する日本固有のツグミの仲間だといわれています。島内では、海岸から雄山の山腹にかけてや民家の周辺で見ることができます。また島内には、アカコッコの生育を保護するための施設として「アカコッコ館」があります。

　三宅島では、アカコッコ以外にも国の天然記念物に指定されているイイジマムシクイ、カラスバト、カンムリウミスズメなどの貴重な野鳥も見ることができます。そのため三宅島には、このような珍しい鳥を見るためにたくさんの観光客が一年を通して訪れます。

【大路池】 地図B-3
約2500年前の火山爆発によってできた火口湖。昔ながらの照葉樹林が残されており、アカコッコ、カラスバト、イイジマムシクイなどに出会うことができます。

【アカコッコ館】 地図B-3
野鳥に関する数々の展示物や資料、望遠鏡を設置した観察スペースがあります。(公財)日本野鳥の会のレンジャーが常駐し、わからないことは、その場でていねいに教えてくれます。

【アカコッコ／ツグミ科】
三宅村の鳥で国の天然記念物。ツグミの仲間でスズメの倍ぐらいの大きさの鳥。赤いお腹と黒い顔がポイント。森林や畑、都道や民家周辺などいろいろな場所で見ることができます。

【イイジマムシクイ／ウグイス科】
夏鳥の代表格。3月下旬から渡りはじめ、4月に入るとどこにいてもチョリ、チョリというさえずりが聞こえてきます。スズメより小さめ。オリーブ色の背中がポイント。天然記念物。

【カラスバト／ハト科】
公園で見かけるハトより大きめ。ウッ、ウーッという変わった声で鳴く。大きく、黒い体がポイント。警戒心が強く、近くでは観察しにくい鳥です。天然記念物。

【ヤマガラ／シジュウカラ科】
ツンツン、ピーとさえずります。大きさはスズメくらい。赤茶色の顔とお腹がポイントです。スダジイの実を好んで食べます。

【コマドリ／ツグミ科】
スズメくらいの大きさ。ヒン、カララララという張りのある声で鳴きます。ポイントは、オレンジ色の頭と背中。

出典：三宅村役場・三宅島観光協会『三宅島博物誌』、p.4 より引用

アカコッコ・プロジェクト

　三宅島のアカコッコは、2000年に起こった噴火の影響によって、その数は減少しているといわれています。そのためアカコッコ館では、2000年の噴火以降に「アカコッコ・プロジェクト」と呼ばれる活動が実施されています。

この活動の目的は、① 2000 年噴火以降のアカコッコの生息環境について探ること、② 2000 年噴火以降の三宅島でのアカコッコの数をモニタリングすること、とされています。この活動には、三宅島の人たちだけでなく、全国からたくさんのボランティアも参加していて、みんなで協力して三宅島のアカコッコを守っていく取り組みが行われています。

③三宅島の魚

三宅島では付近を流れる黒潮の影響を受けてカツオやマグロなどが回遊している他、ミヤコキセンスズメダイやナンヨウツバメウオなど南の海で生まれた珍しい魚が黒潮に乗ってやってきます。

付近の海底は岩磯、転石、砂地など複雑な形をしているところが多いことから、根付きの魚やイセエビなどの甲殻類、トコブシなどの貝類の他、三宅島の特産品であるテングサをはじめとする藻類など、多様な生物が生息しています。

さらに付近の海では生息しているサンゴの種類も豊富で、三宅島の付近で確認できるサンゴの種類は 90 種類にのぼるといわれています。そのため三宅島には、珍しい魚や美しいサンゴを求めて、たくさんの観光客が訪れます。

三宅島の付近にやってくる回遊魚たち	トビウオ、カツオ、キハダマグロ、ムロアジ、ヒラマサ、カジキマグロ、メジマグロ、ソウダカツオ、カンパチ、サバ、サワラなど
三宅島に根付いている魚たち	タカベ、イサキ、アオダイ、メダイ、ヒメダイ、ハマダイ、アカハタ、メジナ、キンメダイ、ニザダイ、ブダイ、イシダイ、イシガキダイ、フエフキダイなど
三宅島の付近にいるその他の魚や水産動物たち	シマアジ、マアジ、オアカムロ、イワシ、サメ、シイラ、ケンサキイカ、ヤリイカ、アオリイカ、イセエビ、タコ、アサヒガニなど
三宅島の付近にいる貝類たち	トコブシ、ギンタカハマ、クボガイ、ヒザラガイなど
三宅島の付近に生息する藻類	テングサ類、イワノリ、トサカ、ハバノリ、ツノマタ、サイミ、ヒジキなど

ドルフィンスイム

三宅島の隣にある御蔵島では、野生のミナミバンドウイルカが 100 頭以上生息していることが確認されています。日本国内でイルカと一緒に泳ぐことができる海はなかなかないといわれていますが、貴重なドルフィンスイムやイルカウォッチングなどの体験ができます。

【長太郎池】 地図B-3

溶岩で仕切られてできた大きなタイドプール。50mプールほどの広さでシュノーケリングで魚やサンゴを観察できます。地盤沈下により地形が変わったため、満潮時は危険です。

【ツル根岬・和田】 地図B-3

大路池の近くにある磯場で季節によってメジナやシマアジが釣れます。進入路が険しいため足腰が弱い人はご注意ください。

【スキューバダイビング】

専門雑誌などでも、たびたび紹介されているように、三宅島には好ポイントが多くあります。ダイバーなら、一度は潜ってみたいのが、三宅島の海です。

【ソラスズメダイ】

全体はコバルトブルーで、尻びれから尾びれにかけて黄色いのがソラスズメダイ。長太郎池で観察できます。

【カゴカキダイ】

南国の海を思わせる、黄色と黒の横縞模様がポイント。長太郎池で観察することができます。

【フウライチョウウオ】

金色の体に、とがった口と顔の黒い帯が、フウライチョウウオの特徴。長太郎池で見ることができます。

【イルカウォッチング】

三宅島のとなりの御蔵島沿岸にはバンドウイルカが生息しています。三宅島近海でも時々イルカを見ることができます。

出典：三宅村役場・三宅島観光協会『三宅島博物誌』、p.6 より引用

④三宅島の夕陽と星空

　三宅島の西側を中心に大久保浜、伊豆岬、今崎海岸、夕景浜、メガネ岩、七島展望台等は、沈む夕陽のスポットとなっています。また、人工の光が少ないため、島の随所で満天の星が夜空に輝く星空スポットとなっています。

2019年9月筆者撮影（メガネ岩近傍）

出典：東京都総務局三宅支庁（平成 31 年 3 月）『三宅島（冊子）』、p.28 より引用

出典：東京都総務局三宅支庁（平成 31 年 3 月）『三宅島（冊子）』、p.28 より引用

第1章
第2章
第3章
第4章
第5章
第6章
第7章
第8章

⑤三宅島のパワースポット

　近年、雑誌やテレビなどでは全国各地に存在する「パワースポット」の特集が
よく組まれ老若男女問わず人気になっています。いまやパワースポットは地域の
観光に欠かすことのできない観光資源です。

　このような人気の背景には、パワースポットとは「大地のエネルギーが溢れて
いるところ」がその意味とされていることがあります。大地のエネルギーにふれ
て普段の疲れを癒したり、人生を肯定的に考えるきっかけを育む効果が期待でき
ることが大きいのです。パワースポットの種類は、神社・仏閣、滝・森林、温泉・
火山などさまざまですが、代表的なスポットとして富士山、屋久島、日光東照宮、
出雲大社などが有名です。しかし全国的には周知されていないものの、その地域
に伝わるパワースポットも数多く存在しています。ここでは三宅島の代表的なパ
ワースポットについて紹介します。

大路池と迷子椎

　大路池は約 2500 年前の噴火口にできた伊豆諸島
最大の淡水湖です。かつてここを訪れた小説家の太宰
治は大路池に心が癒され、その後『走れメロス』など
の名作を生んだと言われています（p.55 のコラム参
照）。大路池への遊歩道はたくさんの原生林に囲まれ
ていて、たくさんの椎の巨樹に出会うことができます。
また大路池の周囲を囲む照葉樹の森には、国の天然記
念物のアカコッコやイイジマムシクイなどさまざまな
野鳥が暮らしていることから、「日本一のさえずりの
小径」とも言われています。

　なかでもパワースポットとして有名なのは遊歩道の

途中で会うことができる村指定の天然記念物である「迷子椎」と呼ばれる巨樹で
す。これは数百年前から火の神が宿る神木として畏敬されていて「やどり木」と
も呼ばれています。

椎取神社

　椎取神社は島内に 12 社ある「式内社」の一つで志理太宜命を祀ると言われて
います。2000 年の噴火で大量の泥流が発生し、それにより椎取神社の拝殿と鳥
居が埋没してしまうなど壊滅的な被害を受けました。現在では社殿と鳥居が新た
に建てられ、2000 年噴火からの回復を象徴するスポットになっています。

また 2000 年の噴火以降、社殿周辺の森は火山ガスの影響で枯れてしまいました。しかし、近年では社殿周辺の緑が復活し始めるなど、再生と大自然の力を感じることのできるパワースポットになっています。

笠地観音

笠地観音は阿古地区にあり、島の人々の間で「子授け観音」・「縁結び観音」として有名なスポットです。

子授け観音として有名になった由縁は、昔子どもに恵まれなかった夫婦がこの地に存在する椎の木にお願いをしたところ、子宝に恵まれたことからきていると言われています。その後この地に観音様が立てられました。観音様の横には子授けや縁結びにご利益があると伝えられるご神木があります。しかしご神木は 2000 年の噴火によって枯れてしまいました。

メガネ岩

メガネ岩は阿古地区にあり、溶岩流が波に流されてできた奇石です。名前の由来はメガネのように穴が 2 つ空いていたことからきています。1959（昭和 34）年に起こった伊勢湾台風の影響で片側が壊れてしまい、現在は片メガネのようなかたちになっています。このメガネ岩周辺は、ダイビングスポットやフィッシングポイントとしても有名です。

コラム　恋愛成就のパワースポット

三宅島にはその他にもたくさんのパワースポットが存在しています。ここでは面白いパワースポットを紹介します。三宅島には、保元の乱での敗戦で流罪となった源為朝に関する伝説が数多く残っています。その一つが弓の名手であった為朝が岩を一矢で打ち砕き、そのときにできたと伝わる「為朝の打ち抜き岩」と呼ばれる観光スポットです。そこで皆さんにはその写真を見てもらいますが、これを見て何か気づくことはないでしょうか？

そう、この「為朝の打ち抜き岩」はよく見ると穴の形がハート型になっています。そのため近年ではこの「為朝の打ち抜き岩」は別名「ハートロック」とも呼ばれ、恋愛成就のパワースポットになっています。

第1章
第2章
第3章
第4章
第5章
第6章
第7章
第8章

⑥三宅島でのイベント

　三宅島では、島の暮らしや伝統に触れることのできるお祭りや、自然を活かした季節ならではのイベントなど、一年を通して魅力的なイベントがいっぱい開催されています。

出典：東京都総務局三宅支庁（平成31年3月）『三宅島（冊子）』、p.73-74より引用

（4）三宅島の教育

　2000年の噴火発生前は、村立の小・中学校が各3校、都立高校が1校、保育園が3園ありました。噴火発生時の2000年9月1日時点では、小学校3校の全児童数は209人、中学校3校の全生徒数は120人、保育園3園の全園児数は165名でした。しかし、2005年の避難解除後には、これまで3校あった小・中学校は1校にまとめられ、保育園も3園が1園にまとめられました。現在は、小学校1校、中学校1校、都立高校1校、保育園1園で運営されています。2019年5月1日現在では、小学校の全児童数79人、中学校の全生徒数31人、高校の全生徒数20人、保育園の全園児数58人となっています。

（5）三宅島の医療機関

　2000年の噴火発生前には、三宅村国民健康保険直営中央診療所が神着地区に、その他4地区に診療所がありました（中央診療所から出張診療を行っていた）。しかし、2005年の避難解除後は、中央診療所（医師・看護師・事務員の合計17名）、民間の歯科医院1院となっています。

郷土資料館や博物館を訪ねてみよう！
　そこでは歴史からのヒントがたくさん見つかることでしょう！

①郷土資料館などを訪ねて、地域の特徴を整理してみましょう。
ミュージアムショップがあれば、お土産品の特徴を観察してみよう。また頒布されている資料を手にとって見てみよう。
②あなたのお気に入りの観光地や故郷の区市町村が最も輝いていた時期とその特徴を整理してみましょう。

見つけた資料をメモしておきましょう！

お気に入りの地域の変化の客観的な比較・検討	
もっとも輝いていた時	いまの状況
それはいつ？	あれから何年？
その時の特徴は？	いまの特徴は？

比較してみて、どこが違うかな？

第1章
第2章
第3章
第4章
第5章
第6章
第7章
第8章

第4章 三宅島の噴火の歴史

　三宅島は、その名前の由来が噴火することから「御焼島」となったとする言い伝えがあるなど、太古の昔から噴火との関わりが強い島です。その誕生は、約15万年前（または10万年前）頃にさかのぼります。この付近の海底で噴火が始まり、溶岩やスコリア、火山灰などを繰り返し噴出しながら成層火山としての三宅島が海上に姿を現したと考えられています。

三宅島の噴火の歴史

　三宅島の噴火の歴史は、これまでの地質学的・岩石学的調査から、約1万年前までわかるようになってきています。

　これまでの調査の結果をまとめると、三宅島の噴火史は、①1万年前から7,000年前にかけての大船戸期、②4,000年前から2,500年前にかけての坪田期、③2,500年前の大規模な八丁平噴火とカルデラ形成に始まり雄山の成長がみられた雄山期、④15世紀以降の山腹噴火中心の新澪期の4つの活動時期に分けることができます。

①大船戸期

　1万年前から7,000年前に大規模な噴火が起こり、山頂部が陥没し最初のカルデラ（桑木平カルデラ：直径4km）ができたと考えられています。このカルデラの縁は雄山の標高300mから400m付近に見られます。その様子は現在も島の西部の阿古上部の林道沿いにある村営牧場跡から、北部の伊豆から神着にかけての林道沿いに残っており、伊豆岬から雄山を眺めると見ることができます。

②坪田期

　その後、三宅島における噴火は3,000年間活動を休止していましたが、4,000年前から2,500年前にかけて噴火活動が再開しました。その経緯は、最初に旧カルデラ（桑木平カルデラ）内で火山活動が続き、大規模なマグマ水蒸気爆発が起こったと考えられています。それにより多量の溶岩、スコリア、火山灰などが堆積し（島全体を数10cmの厚さで覆ったとされる）、旧カルデラは埋め尽くされ、新しい成層火山が形成されました。このとき多量の溶岩、スコリアが噴出し、当時の人たちや島内の動植物に大打撃を与える激しい噴火であったと考えられています。この坪田期の噴火の特徴は、安山岩質を多量に噴出していることですが、

このときの安山岩質は現在も坪田地区、伊豆岬灯台付近などで見ることができます。

③雄山期

雄山期は2,500年前の大規模な八丁平噴火とカルデラ形成に始まり、12世紀半ばまでの雄山が成長していく時期、およびその後300年あまり活動を休止していた時期のことを指しています。この雄山期には、最近1万年間で最も大きな噴火とされる「八丁平噴火」が起こりました。このときの八丁平噴火によって、雄山の山頂部は陥没し、「八丁平カルデラ」が形成されたと考えられています。また、この雄山期に起こった噴火の記録（1085年）が、現在でも残っていて、その記録が資料として残る三宅島の最初の噴火だといわれています。

④新澪期

文書記録によると、1154年から1469年までの300年間は三宅島での火山活動がありませんでした。しかし1469年に再び噴火が開始するようになります。それまでの噴火は中心噴火（山頂・山腹噴火）が特徴でした。しかしこの新澪期以降は、山頂割れ目噴火や短期的な活動が特徴になりました。この新澪期以降の噴火記録をまとめたものが次の表になります。

15世紀以降の三宅島噴火のまとめ				
年	噴火のようす	噴火発生・溶岩流出場所	噴火間隔	噴火期間
1469年	山腹割れ目噴火	笠地の北（西側山腹）	315年	不明
1535年	同上	山頂・ニホンダナ（南東山腹）	66年	不明
1595年	同上	釜方（南東山腹）	60年	不明
1643年	同上	今崎・錆・夕景（南西山腹）	48年	3週間
1712年	同上	桑木平－竜根ノ浜（南西山腹）	69年	2週間
1763年	同上	山頂　薄木・新澪（西南山腹）	51年	6年間
1811年	同上	椎取山中	48年	1週間
1835年	同上	富賀平・笠地（西側山腹）	24年	10日間
1874年	同上	大穴南西－焼場（北側山腹）	39年	5日間
1940年	同上	神着・坪田村境の山腹（北東山腹）と山頂	66年	23時間 25日間
1962年	同上	神着・坪田村境の山腹（北東山腹）	22年	30時間
1983年	同上	二男山・新鼻（南西山腹）	21年	15時間
2000年	山頂噴火	山頂噴火	17年	

近年の三宅島の噴火

三宅島の噴火は、近年でも 20 年周期で起こっています。

① 1940 年の噴火

　神着から坪田付近の山腹にて噴火が起こりました。この噴火は、山腹にあった居住域に大きな被害を出し、亡くなった人は 11 人、全壊・焼失してしまった家屋は 24 棟ありました。この被害を重くみた政府は、三宅島測候所を創設させました。

② 1962 年の噴火

　神着から坪田付近の山腹にて噴火が起こりました。たくさんの火山灰が降り積もり、それによって現在の三七山が形成されました。このときの噴火による噴出物の総量は約 2,000 万トンともいわれています。また、島の北西部を中心に地震が多発し、伊豆地区では有感地震の数が 1 日で 2,000 回以上に達しました。

③ 1983 年の噴火

　二男山、村営牧場、阿古、栗辺、新澪、新鼻で噴火が起こりました。この噴火で噴出した溶岩の噴出量は合計 3,000 万トン（溶岩流 1,500 万トン、火砕物 1,500 万トン）といわれています。多量の溶岩の噴出によって、阿古地区にある 520 世帯の 6 割にあたる家屋 340 戸を埋没・焼き尽くしました。その被害の様子は、現在も阿古地区にある旧阿古小中学校跡などで見ることができます。また、阿古地区だけでなく、火砕物が坪田地区の住宅、農地、山林に降下するなど、大きな被害をもたらしました。

④ 2000 年の噴火

　三宅島の噴火は新澪期以降、山腹割れ目や短期的な活動が特徴でした。しかし 2000 年の噴火は、雄山山頂の陥没、火山ガスの放出、活動期間の長期化などこれまでとはまったく違った噴火でした。この 2000 年の噴火は、火山学的にも非常に珍しい噴火だったといわれています。三宅島の人たちは火山ガスから身を守るため、三宅島を離れ全島避難を余儀なくされました。避難先としては全体の 9 割が東京都内に避難をしましたが、親族・知人を頼り各地に避難したケースも含めると全国 18 都道県および、全国各地に分散しての避難となりました。

地形図を比較してみよう！

　左の地形図（p.74）は 1912（大正 1）年頃の三宅島、右の地形図（p.75）は 2005（平成 17）年頃の三宅島です（引用は平成 28 年調製）。左の図の北側の神着集落の東側には、1874（明治 7）年の噴火による溶岩流跡が見られます。また、その後も 1940 年、1962 年、1983 年、2000 年の 4 回の噴火があり、地形の変化が随所にみられます。

1912 年頃の三宅島

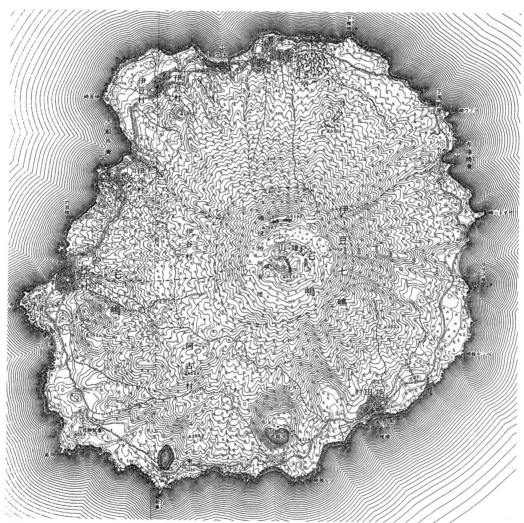

出典：1/50000 三宅島地形図（大正 3 年 11 月 30 日発行）、大日本帝国陸地測量部

① 1940 年の噴火による「ひょうたん山」と 1962 年の噴火による「三七山」の出現
② 1983 年の噴火の溶岩流による阿古集落の錆ケ浜への移転
③新澪池（古池）の消滅
④荒れ地や侵食跡の出現・砂防堰堤の建設など

2005 年頃の三宅島

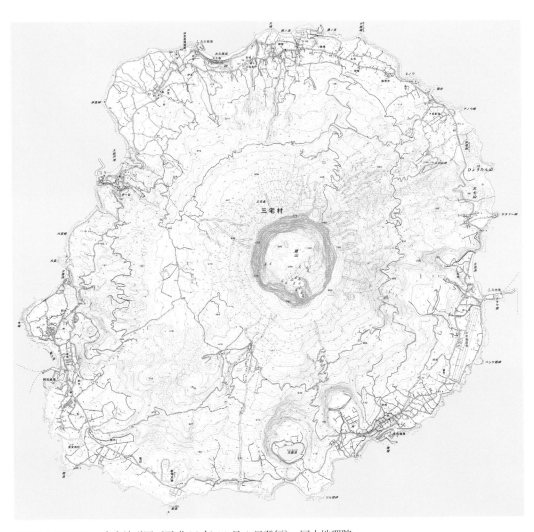

出典：1/25000 三宅島地形図（平成 28 年 11 月 1 日発行）、国土地理院

第1章
第2章
第3章
第4章
第5章
第6章
第7章
第8章

詳細を比較してみよう（1）

ひょうたん山（1940年の噴火）と三七山（1962年の噴火）が出現

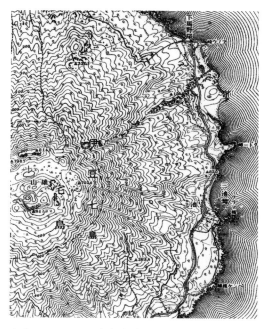

出典：1/50000 三宅島地形図（一部）
　　　昭和27年10月発行、地理調査所

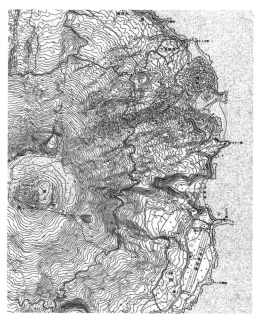

出典：1/25000 三宅島地形図（一部）
　　　昭和47年11月発行、国土地理院

　　昭和47年11月国土地理
院発行の1/25000三宅島地
形図には、「ひょうたん山」
と「三七山」の記載が確認で
きます。

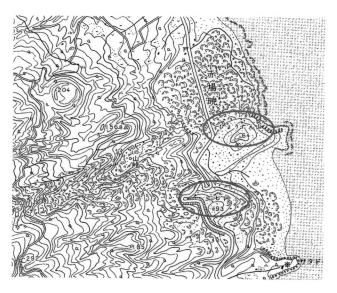

詳細を比較してみよう（2）

南西斜面への溶岩流の跡と新澪池の消失

出典：1/25000 三宅島地形図（一部）
　　　昭和 55 年 11 月発行、国土地理院

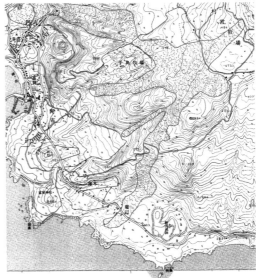

出典：1/25000 三宅島地形図（一部）
　　　平成 4 年 8 月発行、国土地理院

詳細を比較してみよう（3）

1983 年の噴火の溶岩流による阿古集落の錆ヶ浜への移転

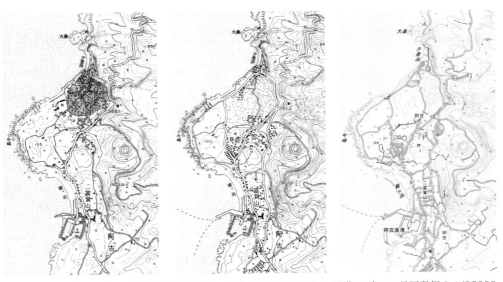

出典：左より昭和 55 年 11 月国土地理院発行、平成 4 年 8 月同発行、平成 28 年 11 月同発行の 1/25000
三宅島地形図（一部）

地域の記憶

1983 年の噴火以前に三宅村の観光振興が期待されていた村営牧場

『三宅村村勢要覧〜昭和 45 年・46 年版』の三宅島観光名勝及び景勝地の記述の中で、村営牧場は、「村が酪農振興のため造成した牧場である。広大な草原に群がるホルスタインの姿は、一幅の絵であり、離島における草地造成事業のモデルケースとして将来が期待されている」との記載がされています（p.49）。

また、『三宅村村勢要覧〜昭和 53 年・54 年版』の畜産業の記載では、「村営牧場は、昭和 42 年度に 170ha の規模の牧場を造成し、育成牧場としてスタートした。昭和 44 年には放牧頭数も最高 270 頭に達した。しかしその後、牧場病の発生や牧場管理に対する信用度の低下等の要因から経営の行詰りを来たし、育成牧場としてその機能を充分発揮し得ず今日に至っている。そこで本村では再建を図るため、東京都の協力のもとに、都全体の酪農経営における後継牛の育成基地としての機能を充実するため昭和 53 年度より 3 ヶ年計画で整備計画を推進することとしている」とあります（p.40）。

また、昭和 54 年度には、三宅島観光基本計画に基づき観光関連施設の一つとしてレストハウスが三宅村管理牧場に整備（298 ㎡、150 名収容、鉄骨造り平屋建）されたとの記載があります（p.49）。

資料：三宅村役場（昭和 47 年 4 月 1 日）『三宅村村勢要覧〜昭和 45 年・46 年版』、p.49
資料：三宅村役場（昭和 55 年 10 月 1 日）『三宅村村勢要覧〜昭和 53 年・54 年版』、p.40

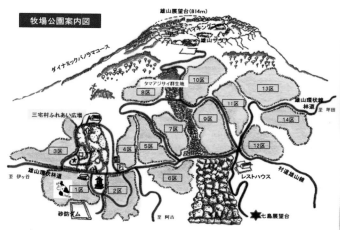

村営牧場の跡地が噴火の大きさを物語っている（2019 年 3 月筆者撮影）。そのまま残されている案内サインからレクリエーション拠点であった様相が伺える。図は案内看板をもとに筆者が図化。

2000年三宅島噴火にみる危機への迅速な対応

　近年、地震や風水害などの自然災害に対する備えの重要性が強く認識されてきつつあります。2000年に発生した三宅島噴火は、過去に起こった三宅島での火山活動とはその様相がまったく違っていました。ここでは当時の噴火の様子を3つの時期に分けて振り返り、危機への機敏な対応の重要性を我が身に置き換えて考えてみたいと思います。

①火山活動の開始（2000年6月26日から29日）

　2000年三宅島噴火の始まりは、2000年6月26日19時33分に、緊急火山情報が発令され、「三宅島で噴火の恐れ、厳重に注意」（気象庁）と発表されたことでした。この発表からまもなくの21時に、三宅村は住民に避難勧告を発令しました。その直後、それぞれの自宅には有線放送を通じて「緊急避難勧告」の放送が流れ、住民は各地区の避難所への避難を始めたのです。

　この夜は地震が多発し、住民は不安のなかで避難所での一夜を過ごしました。いつ噴火するのか、みんな固唾をのんで噴火の行方を見守りましたが、この日、噴火が起こることはありませんでした。

　住民の避難生活は、この日から6月29日まで続きました。住民は3日間の避難生活を余儀なくされましたが、この間、噴火は一向に起こらないものの、絶え間なく大きな地震が連続する状況がつづきました。また季節的に避難所のなかは相当暑く、地震と暑さに疲弊する人がたくさんいました。さらに避難してすぐはテレビもなく、外でどんなことが起こっているのかまったくわからない状況でした。そんな避難所のなかでは「阿古のほうが危ないらしいよ」とか、「神着のほうらしいよ」などの噂が広まり、住民たちは不安を募らせていました。

　緊急火山情報の発令から3日が経った6月29日の10時半頃、テレビ画面に「三宅島避難解除の見通し」のテロップが流れました。この日は、避難している住民の激励のため、当時の東京都知事だった石原慎太郎氏が午後に三宅島を訪れました。14時に知事が到着し、避難している人たちの労をねぎらいました。それからまもなく16時に、まず先立って「坪田地区の避難解除」が発表されました。このとき、避難所では避難解除の発表にたくさんの拍手がわき起こりました。

　この日の18時に、火山噴火予知連絡会は「三宅島の火山活動は低下しつつあり、陸域及び海面に影響を及ぼす噴火の可能性はほとんどなくなったと考えられる」というコメントを発表しました。と同時に、このコメントが事実上の「安全

宣言」となり、全地区の避難解除宣言となりました。

②活発化する火山活動（6月末から7月末にかけて）

　6月29日に発表された避難解除により、大きな被害はなく、今回の火山活動は終息に向かうだろうとみんなが思っていました。しかし、このときの状況は2000年三宅島噴火の序章に過ぎなかったのです。避難解除後も大きな地震は絶え間なく続き、地震の回数はピーク時には1時間あたり400回、有感回数58回（震度3が14回、震度4が1回）というように常に揺れている状況でした。

　このような地震の被害は、三宅島だけにとどまらず、北西に位置する神津島、

テクニカルノート7　自然災害に対する備え

　東日本大震災以降、都道府県や区市町村では自然災害に対する防災計画を策定し、自然災害に対して備えています。東京都の地域防災計画は、①震災編、②風水害編、③火山編、④大規模事故編、⑤原子力災害編の5つの計画を策定しています。また、区市町村では、ハザードマップを作成し、風水害や地震の際の津波に対する浸水被害の範囲等を示し、災害に対する住民の備えを求めています。

　また近年、観光危機管理の必要性が求められています。沖縄県では、観光産業が地域経済に貢献する重要な産業であることから、観光産業に負の影響を与える観光危機に関し、危機管理の基本的な対応等を定め、観光客の安全・安心が守られる観光地の形成を図るために『沖縄県観光危機管理基本計画（平成27年3月）』を策定しています。

沖縄県観光危機管理計画の主な目的
①観光危機管理体制の整備による観光産業の持続的発展
②平常時の減災対策による危機管理に強い観光地づくり
③観光危機発生時の観光客への情報発信、避難誘導・安全確保、帰宅困難者対策等の体制整備
④観光危機後の風評被害対策、観光産業の早期復興・事業継続支援等の体制整備
⑤安心・安全・快適な沖縄観光ブランドの構築による世界水準の観光リゾート地の形成

式根島、新島でも震度5弱、4、3と地震が多発するようになりました。そして、7月1日には神津島で地震による崖崩れで死者が1人でてしまうという残念なことが起こりました。

そんな状況が続くなか、7月8日18時43分、三宅島の雄山が突然噴火しました。その直後、村内の有線放送を通じて、「雄山の噴火を確認。噴煙の高さ800m、乳白色、降灰範囲1km、北東の方向に流れる。今後の火山活動に注意」という放送が流れました。この放送の直後、三宅島の島内ではテレビやラジオの受信ができなくなり、噴火に関する情報源は村内放送だけになってしまいました。

翌朝（7月9日）、今回の噴火で雄山が陥没したことが確認されました。これ以降、三宅島では噴火が14日、15日と連続して起こりました。この噴火の影響で、地震がさらに多発し、14日には1日あたり1,500回、15日には1,900回発生しました。7月30日には、震度5強、6強の地震が次々に起こり、住民は不安と恐怖で落ち着かない日々がつづきました。

そんななか7月26日には、台風6号の影響で島の北東部に泥流が発生し、付近の住民に避難勧告が出ました。この頃から地震の被害だけでなく、雨が降る度に泥流の被害も島内各地で多くなりました。

一連の火山活動の被害は、三宅島の主力産業である観光業、農業、漁業などにも大きな被害をもたらしました。島内では、夏の観光シーズンを前にまったく期待がもてない状況で、住民から悲鳴が上がりました。まったく期待がもてない状況は、農業、漁業なども同じでした。火山活動や地震の収束の見込みがもてない状況に、住民の不安は募る一方でした。

③島内避難から島外避難へ（7月末から9月4日にかけて）

8月4日、東京大学地震研究所は次のような発表をしました。「現在の雄山の状況は、火口直径1,400m、深さ450mの巨大陥没の穴ができており、噴火の度ごとにその山頂カルデラは100m単位で沈んでおり、国立公園に指定されていた『八丁平』は完全に消滅している」という発表でした。この発表は住民にとって衝撃的でした。

8月10日の朝、雄山は再度噴火しました。この噴火では、噴煙の高さが3,000mにまで達する大きな噴火であり、島全体に大量の火山灰が降り注ぎました。この噴火以降、雄山は断続的に噴火を繰り返すようになりました。

8月18日17時02分、雄山で噴煙の高さが15,000mに達する最大規模の噴火が起こりました。この噴火による振動、爆発音、閃光、揺れなどは、住民に

これまで以上の不安と恐怖を募らせました。島の各地には直径5cm程の噴石が落下し、噴石で車のフロントガラスが割れるなどの被害もでました。

翌日（8月19日）から空港は完全閉鎖され、8月19日の東京行きへの船には350名が乗り込み、三宅島を去りました。8月19日以降は、島内循環バスもストップ、商店も閉店するなど、島内では日常生活もままならい状況になりました。8月19日から26日までの1週間で、約1,000名が三宅島から避難しました。

そんななか8月21日、火山噴火予知連絡会は、以前6月30日に発表した「安全宣言」を取り消しました。そして、8月24日になると火山噴火予知連絡会は「今後の火山活動の予測は困難。火山学の限界を超える現象である。約2,500年前に起きた噴火と同じような活動の可能性を否定できず」という見解を発表しました。

8月29日4時30分頃、雄山は再び噴火しました。この噴火では、火砕サージと呼ばれる熱風が島の北東部と南西部に流れ、住民に襲いかかりました。この日の13時頃、小中高の各学校では「小中高生は15時10分発の船で、全員避難すること」という放送が流れました。この判断は、三宅村で子どもたちの安全を守るために、急遽、決められたものでした。

この放送後、子どもたちはそれぞれの自宅に帰り、避難の準備を始めました。そして、船は予定通り15時10分に三宅島を出港しました。この日出港した子どもたちは136名でした。翌日の読売新聞では、この日の子どもたちの避難の様子について次のように報道されました。

「汽笛がなるなか、『いってきまーす』と家族に手を振る小学生のなかには涙を浮かべている子も…。出港から1時間…三宅島の白い噴煙を見つけ『ここまで見えるんだ』と表情を曇らせた。受験を控えた3年生は『これから追い込みの時期なのに』と不安を漏らした。別の3年生は『母は民宿、父は農業、大きな噴火があったら…』と島に残った両親を思いやった。小学校の養護教員は，子供たちの心のケアのためにぬいぐるみを持参した」

（読売新聞00．8・30）

この日以降、三宅島の子どもたちは4年半にも及ぶ、避難生活を余儀なくされました。

子どもたちの避難から3日後の9月1日、東京都と三宅村は、防災関係者を除くすべての三宅島の住民に対して、全島避難を指示しました。避難方法は、9

月2日から4日までに定期船での避難が決められ、その期間にすべての住民の避難が完了しました。

　9月5日、雄山の山頂部に小規模のカルデラが出現しました。このカルデラの出現について、目の前でカルデラの出現を見ることができたのは、世界の火山観測の歴史でもおそらく初めてのことであると言われています。また2000年の噴火では、8月下旬から有毒な火山ガスが連続的に放出されるようになりました。この火山ガスは、徐々にその放出量が増えていき、9月下旬には1日の放出量が約5万トンを超えるという、世界的にも例をみない程の大量のガスが放出されるようになりました。

　この火山ガスは、以後、年々減少傾向にあるものの、放出が止まっていません。大量の火山ガスがこれほど長期にわたって放出されることは、世界の火山観測の歴史でも非常に珍しい現象だと言われています。と同時に、三宅島の住民はこの火山ガスの影響で、4年半にも及ぶ、避難生活を強いられることになったのです。

2000年三宅島噴火の避難の様子を題材にした映画
『ロック　〜わんこの島〜（2011）』

　2011年に公開された『ロック　〜わんこの島〜』は、2000年に起こった三宅島噴火により、離れ離れになってしまった家族と犬の絆の物語です。この物語は実話を基に描かれています。2000年三宅島噴火では、泥流や火山ガスから身を守るため、すべての住民が4年半におよぶ全島避難生活を強いられました。映画のなかでは、故郷を離れるつらさ、避難時の慣れない都会での生活の様子など三宅島住民のさまざまな苦悩・困難が描かれています。またこの映画の主人公のロックはフジテレビ「めざましテレビ」の人気コーナーである「今日のわんこ」で紹介されたことから人気になった犬です。

4年5ヶ月におよんだ全島避難

　この避難によって、三宅島の人たちは長年慣れ親しんだ島での生活から、突然、都会での新しい生活を強いられることになりました。また、この避難によって、

当時の三宅島の小学生、中学生、高校生は家族と離ればなれになり、東京都あきる野市にある全寮制の高校の空き教室と寮で避難生活を強いられることになりました。

　避難直後は、三宅島の人たちの多くが避難生活の期間は短くて1～2週間、長くなっても3ヶ月後までには三宅島に戻れると予想していました。しかし2000年の噴火で発生した火山ガスは、みんなの予想に反して止むことはありませんでした。それにともなって、避難生活の期間も避難直後は長くても3ヶ月くらいと思われていたのが、やがて1年が経ち、2年が経ちというように、避難期間は長期化するようになっていきました。結果的に三宅島の人たちが島に戻ることができたのは、2000年の噴火から4年5ヶ月後の2005年でした。

**映画『ロック ～わんこの島～（2011）』の
ロックの世話をしていた主人公の少年・心の思いから…**

　ロックとともに帰島した主人公の少年が、4年5ヶ月の間、風雨にさらされ荒れ果てた我が家を家族で片付けているなかで、このように語っています。

　　復興に向けての、さらなる闘いの始まりだ。
　　ゆっくりでいい。焦らなくていい。
　　ひとつ一つ、力をあわせて、ひとつ一つ、立ち上がっていく。
　　立ち上がっていかなきゃいけない。きっと、だいじょうぶ。

　　ここには、変わらないものがある。

　　ばあちゃんは言った。
　　風も、大地も、海も山も、すべて天からのいただきもの。
　　お天道さまが応援している。

　　人間は忘れる動物だと、どこかの国の学者がいった。
　　一時間後には半分忘れる。一週間後には、またその半分を忘れる。

　　あの夏の日の三宅島で起きた大噴火。
　　みんなはもう、忘れてしまったかもしれない。
　　僕は忘れない。

避難指示解除後の三宅島

　2000年の噴火から4年5ヶ月が経った2005年2月に、三宅島の全島避難は解除されましたが、その実現の背景には「火山ガスのリスクを受け入れても、

なんとか三宅島に戻りたい」という、三宅島の人たちの強い願いが尊重された経緯があります。

火山ガスの放出は、2000年の噴火以降、断続的に続いていて、避難指示解除後も、島内の広い範囲で安全環境基準値を超える火山ガスの数値が示されていました。

避難指示解除後の三宅島は、避難をする前とはまったく違う島になっていました。避難解除後の三宅島では、火山ガスの影響によって住民も観光客もガスマスクの常時携帯が義務づけられ、呼吸器や循環器に疾患がある人、乳児や妊婦の人たちは高感受性者と位置付けられました。

火山ガスの被害は島の自然環境にも大きな被害を及ぼしました。東京都の調査では、火山ガスによる森林の被害面積は、島内全体の6割にも及んでいたことが報告されています。このような自然への被害は、農業や観光業を営んでいた人たちにとって大きなダメージとなりました。また、三宅村の条例により、居住区が火山ガスの放出量の多い、高濃度地区に指定されている住民は、避難指示解除後も日中のみの滞在に制限されるなど、規制の解除に更なる時間を要しました。

現在の三宅島

現在の三宅島では、火山ガスの噴出量は避難直後と比較して格段に低下してきていることから、高濃度地区も解除されています。また、現在では、島内の自然も急速な回復を見せていて、たくさんのみどりが戻ってきています。

シンビオシス

シンビオシスとは、三宅島の観光復興モニュメントです。三宅島では全島避難解除後の2006年に三宅島観光復興モニュメントのデザインを募集し、選ばれたのが愛知県の内田省吾さんによってデザインされたシンビオシスです。

シンビオシスは日本語で「共生」を意味しています。三宅島のシンビオシスは、人が自然環境と共生して復興・発展できるようにという願いを込められてつくられたものだと言われています。そのデザインは「海」「鳥」「人」を中心の球形で象徴しています。

第1章
第2章
第3章
第4章
第5章
第6章
第7章
第8章

地域が被災したこれまでの自然災害の歴史や
語り継がれている内容を整理しておきましょう！

　四季の移ろいが豊かで、温泉等も身近にある日本では、多くの自然災害がおこっています。自然災害には、①台風・大雨・土石流等の風水害、②地震・津波、③大雪・雪害、④火山（噴火・火砕流）等がある他、近くで大規模事故も発生したことがあります。

　いま一度、地域で被災した災害の記録や語り継がれている内容を聞き取り調査して取りまとめておきましょう！

いつ	どこで	何が起こった
年　　　月		
年　　　月		
年　　　月		
年　　　月		
年　　　月		
年　　　月		

語ってくれた人	地域に語り継がれていること

第5章　三宅島観光の特徴

第1章

第2章

第3章

第4章

第5章

第6章

第7章

第8章

　人は観光旅行をするとき、魅力を感じる観光地に行きたいと思うものです。そこで三宅島には、どのような観光の魅力があるのでしょうか。ここでは三宅島の魅力的な観光プログラムづくりにつながる5つの特徴について紹介します。

特徴①　エコツーリズム——環境と生態系に恵まれた島

　エコツーリズムとは、英語のEcology（生態系・環境）とTourism（観光）を組み合わせた造語であり、地域の自然の大切さを理解する新しい観光ツアーのかたちです。エコツーリズムにおいて大事なことは、その地域における自然や文化などの資源の魅力を地域が再認識しながら観光に役立て、地域振興に結びつけていくことです。

　観光産業の発展も目指すエコツーリズムは「持続可能な観光」のあり方として注目されるようになってきています。ここでの持続可能な観光とは、観光地を将来にわたっていつまでも安定的に発展させることを目指す取り組みです。三宅島には豊富なエコツーリズムの資源があります。

巨樹

　三宅島の森では、何百年という長い年月をかけて常緑広葉樹「スダジイ」と呼ばれる巨樹が育っていて、1,000本以上あるといわれています。なかでも有名なのが、大路池のすぐ近くにある樹齢600年以上といわれる「迷子椎」です。この迷子椎は、神秘的なパワースポットにもなっていて、訪れる人たちにたくさんのエネルギーと癒しを与えてくれます。

バードウォッチング

　三宅島は、別名「バードアイランド」と呼ばれており、野鳥の聖地になっています。島内では、国の天然記念物であるアカコッコやカラスバト、イイジマムシクイなど珍しい野鳥を観察することができます。また、沖合約10kmにある大野原島（通称：三本岳）の岩磯は、海洋に生息するカンムリウミスズメ（国の天然記念物）の貴重な繁殖場所になっています。野鳥の生育密度が高く、探鳥ポイントのひとつである「大路池」の周辺は「日本一のさえずり小径」ともいわれています。隣接する「三宅島自然ふれあいセンター・アカコッコ館」には、日本野

テクニカルノート8 地域資源（特徴）を見出すための7つの発想法

本書では、三宅島の魅力を①エコツーリズム（環境と生態系）、②アースデザイン（歴史・火山・地形等）、③シビックプライド（暮らしぶり・地域文化）、④危機管理（火山との共生）、⑤完結と連携（島のもつ特性）の5つのテーマで編集しました。

観光客を誘客するための地域資源や特徴を導く着眼点・発想法には下表に示すように、「(1) 再発見する発想法」として4つの方法、「(2) 新たに創造する発想法」として3つの方法があります。

再発見する発想法	①「風土・暮らしぶり再認識型」の発想法	地域の暮らしぶりや住まい手の心意気（もてなしの心や人情）、特産品、気候・風土、植生・山里の文化といった、先人たちが自然との関わりや地域での営みの中で連綿と培ってきた風土・暮らしぶりを再認識することで地域の魅力を再発見する方法です。
	②「歴史・史実発見型」の発想法	過去からの延長線上に現在があり、将来もまた現在の延長線上にあります。地域の長い歴史や記憶・史実を辿ることで、地域固有の素材を再発見しようとする手法です。かつての賑わいの原点、地域イメージの原点、地域の出身者や小説の舞台等にヒントが潜んでいます。
	③「喪失再認識型」の発想法	急激な経済成長のため多くの個性を失ってきました。現在も失われようとしている資源は少なくありません。自分達の地域にとって、本当に大切なものは何か、自分達は何を目指し、何を得て、一方で何を失ったのかを考える中で、地域の魅力資源を見出す発想法です。
	④「マイナス資源着想（プラス転化）型」の発想法	価値観は時代によって変化していきます。地域の中で「いやなもの」「恥ずかしいもの」「マイナスと感じているもの」等も、地域の個性のひとつ。見方や価値を変えて見てみる〜『逆転の発想』によって、地域の新しい魅力資源として発掘されるものもあります。
新たに創造する発想法	⑤「動向先取り着想型」の発想法	これからの時代の趨勢を読み、時流・傾向をいちはやくキャッチした上で、地域資源をあらためて見てみると、違った光と輝きを見せるものもあります。節操なく新しいものを移入するだけでなく、時流を先取りしたテーマによって編集し直す発想法です。
	⑥「願望着想・初物追求型」の発想法	自地域にとって当たり前のものも、他の地域の人には新鮮に映るものもあります。人は何に惹かれるか〜これを追求する発想法です。常套手段は「他にないもの」。加えて、「初めてのもの」。地域の中にある「はじめて物語」は、有名でなくても地域の魅力・宝になるのです。
	⑦「他事例着想・モノマネ型」の発想法	他の地域で集客しているもの・実績のあるものに着目し、その発想を援用して地域に新しい魅力を生みだす方法です。単なる二番煎じとならないようにするために、地域の個性を付加することで、地域で必然性がないものを導入することに理解を得ることが大切です。

参考資料：大下茂（2011.2）『行ってみたい！と思わせる「集客まちづくり」の技術』、学陽書房、p.62-72

鳥の会のレンジャーが常駐し、野鳥観察のほか三宅島の自然や火山についても知ることができます。

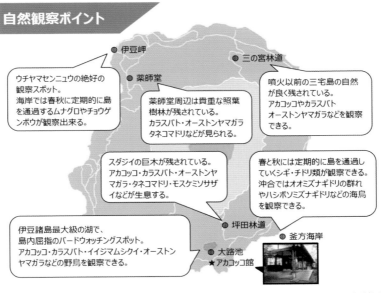

出典：東京都総務局三宅支庁（平成 31 年 3 月）『三宅島（冊子）』、p.37 より引用

ダイビング

　三宅島は、サンゴの種類も多く、島の南西部の「富賀浜」には世界最北限のテーブルサンゴの群集があります。透明度の高い海のなかでは、大型の回遊魚や色鮮やかな熱帯魚、ウミガメなどさまざまな生き物と出会うことができます。また、「メガネ岩」付近には海中アーチがあり、海底でも火山島ならではの独特な地形が楽しめます。

出典：東京都総務局三宅支庁（平成 31 年 3 月）『三宅島（冊子）』、p.40 より引用

第1章
第2章
第3章
第4章
第5章
第6章
第7章
第8章

釣り

　三宅島の周辺は、すべてが釣りのポイントとなっていて、イシダイやメジナ、ヒラマサ、シマアジなど、種類豊富な魚の宝庫です。何度も来島する釣り客（リピーター）が多く、断崖絶壁の荒磯釣りや本格的な磯釣りも楽しめます。沖合約10kmにそびえる大野原島（通称：三本岳）も大物が釣れるポイントと地元では言われています。

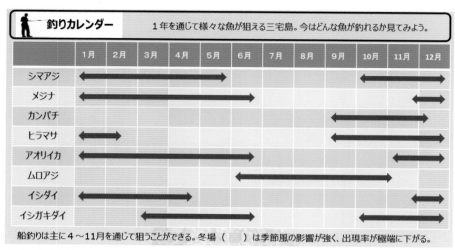

出典：東京都総務局三宅支庁（平成31年3月）『三宅島（冊子）』、p.54より引用

三宅島でエコツーリズムを楽しむマナー

釣りのルールとマナー

①釣り人マナー…釣り糸、空き缶などのゴミは、野生動物等に影響を与えないよう、海には捨てず必ず持ち帰る。

②まき餌（コマセ）の使用…釣り場の環境に配慮し使用を控える。

③磯の魚の資源保護…イシガキダイ、イシダイについては、全長40cm以下はすべてリリースし、持ち帰りは1人2尾まで。

ドルフィンスイムのルール

①イルカに触らない・餌をやらない。

②イルカの食事や交尾、出産などの自然な行為を妨げない。

③子連れのイルカにはこちらから近づかない。

④ウェットスーツを着用する。

⑤ホイッスルなどの人工音を発するものをむやみに使用しない。

⑥スクーバの使用禁止。

特徴②　アースデザイン──島全体が火山博物館

　三宅島は活発な火山島で、ここ 100 年間でも 1940 年、1962 年、1983 年、2000 年とほぼ 20 年間隔で噴火をしています。噴火はときに大きな災害になりますが、それによって生み出される独特な景観を目にすると、火山の脅威や凄まじさ、そして迫力ある地球の息吹を感じることができます。

　島内には溶岩原や太古の地層、火山跡などが点在し、島全体が火山博物館のようになっており、火山が生きていることを実感することができます。

- ■ 昭和15年（1940年）

  北東部の山腹から割れ目噴火。**赤場暁**の形成、**ひょうたん山**の形成。

- ■ 昭和37年（1962年）

  北東部の山腹から割れ目噴火。**三七山**の形成。

- ■ 昭和58年（1983年）

  南西部の山腹から割れ目噴火。**旧阿古集落の埋没**、**新澪池の消失**、
  新鼻新山の形成。

- ■ 平成12年（2000年）

  山頂噴火。異例の全島避難となり避難解除（帰島）まで4年半を要した。
  平成27年に帰島10周年を迎えた。

▲ 2000年噴火（坪田地域より）

▲ 2000年噴火前の八丁平（雄山山頂）

出典：東京都総務局三宅支庁（平成 31 年 3 月）『三宅島（冊子）』、p.43 より引用

三宅島ジオ MAP

　三宅島では、過去の火山活動によって生み出された独特な景観を紹介するための取り組みとして「三宅島ジオ MAP」を作成し、観光客がサイクリングやウォーキングを楽しむためのポイントを紹介しています。

出典：東京都総務局三宅支庁（平成31年3月）『三宅島（冊子）』、p.23-24 より引用

　『三宅島ジオ MAP』は日本語版・英語版の2種類が用意されています。また、日本語・英語併記の『ジオスポット看板』も設置されており、これを目印に、火山の痕跡をめぐるのも楽しみです。

特徴③　シビックプライド──暮らしぶりや地域の文化を大切にする心

　三宅島には、昔から続いている行事がたくさんあります。正月行事の船祝いにはじまり、迫力ある神輿と木遣太鼓の「牛頭天王祭」、「富賀神社大祭」などがあります。時代とともに変化しつつも、島の文化・伝統として守られ継承されています。また、東京都の無形民俗文化財にも指定されている歌や踊り、神事もあります。

　郷土芸能の島節、木遣、太鼓、獅子舞、踊りなどは、各地区の芸能保存会や青年団などによって受け継がれています。また、それらは島の学校の授業の一環として取り入れられるなど、世代を越えて文化が伝えられています。

　三宅島には、国、都、村から指定されている天然記念物などの有形・無形のさ

国指定文化財	重要文化財（工芸品）	銅造観音菩薩立像（坪田・海蔵寺）
	天然記念物	カラスバト、アカコッコ、カンムリウミスズメ、イイジマムシクイ
東京都指定文化財	有形文化財（工芸品）	銅製鍍金銚子、銅製提子、陶製黒釉瓶子、銅鏡（鸚鵡双綬鏡外10面）、銅鏡（籬二菊花双鳥鏡外3面）、銅鏡（菊花双鳥鏡外32面）、銅鏡（菊花双鳥文）、銅鏡（松喰鶴鏡外17面）、銅鏡（蓬莱双鶴文外1面）、銅鏡（山吹双鳥文）
	有形文化財（彫刻）	木造楽面（2面）、木造薬師如来坐像
	有形文化財（古文書類）	三宅島民政資料（303冊・172通）、三宅島民政資料（107点）
	無形民俗文化財	御笏神社の神事、御祭神社の神事、三宅島の歌と踊り、三宅村坪田のヨミンチャラ、富賀神社の巡り神輿
	史跡	三宅島役所、三宅島大里遺跡、三宅島ココマ遺跡
	天然記念物	神着の大ザクラ、ビャクシン、堂山のシイ、三宅島椎取神社の樹叢と溶岩流
村指定文化財	有形文化財（工芸品）	普済院銅鉦、ヨイト船、刀剣、御笏神社御刀
	有形文化財（彫刻）	善光寺式阿弥陀如来像
	有形文化財（古文書類）	小金井小次郎自筆証文（2通）、井上正鉄の書
	有形文化財（建造物）	さかえばし
	旧跡	竹内式部の墓、不受不施派僧の墓、小金井小次郎の首切り地蔵、井上正鉄の墓、生島新五郎の墓、小金井小次郎建立の地蔵尊、小金井小次郎井戸、処刑場跡
	天然記念物	大路藻、迷子椎、普済院の大桜、普済院の蘇鉄、ハコネコメツツジ、リュウビンタイ、オオシマハイネズ、ミヤケコゲラ、オーストンヤマガラ、タネコマドリ、モスケミソサザイ、ウチヤマセンニュウ、シチトウメジロ、坪田観音

第2章

第3章

第4章

第5章

第6章

第7章

第8章

まざまな文化財が多くあります。保存されている工芸品の一部は三宅島郷土資料館に展示され、旧跡・史跡などは観光資源として活かされています。また、次の世代に残していくためにアカコッコをはじめ天然記念物の保護にも取り組んでいます。

歴史と史跡

　島内の各地区には縄文時代などの遺跡があり、そのときから人が住んでいたといわれています。江戸時代は幕府の天領（直轄地）となり、1878（明治 11）年に静岡県から東京府（現在の東京都）に編入されました。「三宅村」は 1956（昭和 31）年に旧3ヶ村が合併して誕生しました。長い歴史のなかで繰り返す噴火を乗り越えて島は発展してきました。

　江戸時代には流刑地として約 200 年間に 1,000 人以上の人々が三宅島に送られました。なかにはさまざまな知識などをもつ流人もいて、三宅島の文化に少なからぬ影響を与えました。歌舞伎役者の生島新五郎をはじめ、禊教教祖の井上正鉄、任侠の小金井小次郎、尊王思想家の竹内式部、絵師の英一蝶などの歴史上の人物もおり流人にまつわる史跡などは島のいたるところで見られます。

　また、三宅島には 120 社ちかくの神社が存在すると言われていますが、そのなかでも有名なのは式内社と呼ばれる神社です。全国にある式内社 2,861 社のうち、12 社が三宅島に存在しています。式内社とは、927 年（延長 5）年に編纂された当時の全国の神社一覧（延喜式神名帳）のなかに記載されている神社のことを指しています。ここでは三宅島にある代表的な式内社について紹介します。

〔一式〕富賀神社（阿古）

祭神：事代主命（三島大明神）・伊古奈比咩命（后）・阿米津和気命（王子）

　富賀神社は、三宅島の創造主とされる事代主命、后の伊古奈比咩命、王子の阿米津和気命を祀る神社です。事代主命は、父 大国主命と共に出雲国島根半島から紀伊国に渡りました。その後三宅島に渡りこの神社付近に居住し、島の人々へ漁業や農業を伝えるなど島の基盤をつくったと言われています。富賀神社は三宅島の総鎮守とされていて、静岡県三島市の三島本社の本宮でもあります。

〔二式〕后 神社（伊ヶ谷）

祭神：伊賀牟比売命（事代主命后）

后神社は、三宅島の創造主である事代主命の后、伊賀牟比売命を祀っている神社です。古くは伊豆村と伊ヶ谷村の間の倉沢橋の下に位置していましたが、伊ヶ谷村創設の際に現在の后山に遍座したと言われています。

〔三式〕御笏神社（神着）

祭神：佐伎多麻比咩命（事代主命后）

　御笏神社は、事代主命の后、佐伎多麻比咩命を祀っている神社です。江戸時代は「御笏大明神」と称され、古くは三宅島における総鎮守的な役割を担っていたとも言われています。疫病退散を祈願して毎年7月に開催される天王祭は、江戸時代（1820年頃）から続く三宅島でも屈指のお祭りです。神輿、太鼓、木遣りが三位一体となって渡御巡行します。このお祭りは昔から三宅島での夏を告げる風物詩として島の人々にも広く親しまれています。

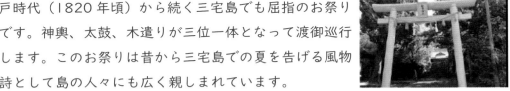

〔四式〕二宮神社（坪田）

祭神：伊波乃比咩命（事代主命后）

　二宮神社は、事代主命の后、伊波乃比咩命とその第二子（二宮）を祀っている神社です。古くは坪田村の高山に鎮座していましたが、その後大路池近くの小倉山付近に遍座したと言われています。

〔五式〕椎取神社（神着）

祭神：志理太宜命

　椎取神社は、事代主命の后だった佐伎多麻比咩命の第八子（志理太宜命）を祀っていることから別名「志理太宜神社」とも呼ばれています。椎取神社の左側にある溶岩原には昭和15年の噴火で埋没するまでは島内唯一の港があったと言われています。この港は、かつて三宅島の創造主とされる事代主命が上陸した最初の地と伝えられています。そのため椎取神社とその周辺は、三宅島における神話発祥の地でもあります。

〔六式〕南子神社（神着）

祭神：南子命

　南子神社は、神着地区の南側山腹に鎮座しています。事代主命の后だった佐伎

多麻比咩命は八人の王子を一度に産んだと言われていますが、そのときの長子が南子命であり、南子神社は南子命を祀っている神社です。現在社殿はなく、御笏神社に合祀されています。

［七式］神弥命神社（神着）
かみいのみや

祭神：加禰命
かみのみや

神弥命神社は、事代主命の后だった佐伎多麻比咩命が産んだ八人の王子のうち、第二子である加禰命を祀っている神社です。最初は神着のカミ（イ）ノ社のカミイノ宮が鎮座の地と言われています。明治7年の噴火により、神着東郷の二宮神社に合祀され、御笏神社の境内神社の一つとなりました。現在では御笏神社の御本殿に完全に合祀されています。

［八式］片菅命神社（神着）
かたすげ

祭神：片菅命
かたすけのみや

片菅命神社は、事代主命の后だった佐伎多麻比咩命が産んだ八人の王子のうち、第七子である片菅命を祀っている神社です。片菅命神社には社殿がなく、椎の老樹の下に盛砂をし、その上に御幣が一本さしてあります。御幣の後には、小さな石が二箇所置かれていて、その両側には榊がさしてあります。片菅命神社のすぐ側には椎の老樹から湧水がでていて、古くから「美茂井の清水」と呼ばれています。

［九式］峯指神社（神着）
ほうし

祭神：波夜志命
べんずのみや

峯指神社は、事代主命の后だった佐伎多麻比咩命が産んだ八人の王子のうち、第八子である波夜志命を祀っている神社で、古くから風速山を祀っていたと言われています。明治7年の噴火により、御笏神社の境内へ合祀されるようになりました。

［十式］久良浜神社（坪田）
くらはま

祭神：久良恵命
くらいのみや

久良浜神社は、事代主命の后だった佐伎多麻比咩命が産んだ八人の王子のうち、第六子である久良恵命を祀っている神社です。この神社は通称「高山さん」とも
たかやま
呼ばれ、古くから島の人々の間でこわい神様として恐れられていたと言われています。明治以前には高山に社殿があったと伝えられていますが、明治に入り廃社

となり、現在では二宮神社に合祀されています。元社地には現在でも「高山様」と呼ばれる祠があります。

〔十一式〕御嶽神社（坪田）

祭神：夜須命

　御嶽神社は、事代主命の后だった佐伎多麻比咩命が産んだ八人の王子のうち、第三子である夜須命を祀っている神社です。江戸時代には「大永井神社社」と称していたそうです。昭和29年に二宮神社に合祀されたため、現在では旧社地には社殿はなく、石造の鳥居が残されているだけになっています。

〔十二式〕神澤神社（伊豆）

祭神：氐良命

　神澤神社は、事代主命の后だった佐伎多麻比咩命が産んだ八人の王子のうち、第四子である氐良命を祀っている神社です。神澤神社の場所については、東京都無形文化財として知られる御祭神社の山道を30mほど入ったところに木造の小祠があります。古くは小祠のすぐ東下に「明神池」と呼ばれる水溜りがあったと伝えられていますが、現在では土や落葉で埋没していて不詳になっています。

　三宅島のパワースポットでは「五式 椎取神社」について紹介しましたが、三宅島に訪れた際にはぜひ、その他の神社に足を運んでみるのもお勧めです。

三宅島のお祭り
〔富賀神社大祭〕

　富賀神社大祭は、2年に1度（奇数年）、8月4日から9日までの6日間をかけて行われる阿古の富賀神社のお祭りです。このお祭りは、富賀神社の神輿が旧五村（阿古・伊ヶ谷・伊豆・神着・坪田）に一泊をしながら、島内を巡る祭礼行事になっています。渡された神輿は各地区の御旅所に安置され一泊をしますがその日は各地区でお祭りが催されます。祭りの見どころは、神輿の周りの旗や獅子舞・太鼓が地区によっ

出典：東京都総務局三宅支庁（平成31年3月）『三宅島（冊子）』、p.63より引用

て異なること。また地区から地区への受渡式は祭礼中最も盛り上がる場面になっていて、その迫力から「けんか神輿」とも称されています。

富賀神社の神輿は、言い伝えによると平安時代に奉斎されたと言われています。このお祭りが現在のようなかたちになったのは明治16年頃と言われていますが、現在も三宅島における伝統的な祭礼行事として引き継がれています。

〔牛頭天王祭〕
（ごずてんのうさい）

牛頭天王祭は、毎年7月中旬に五穀豊穣・大漁・家内安全・無病息災を祈願し、神着地域の御笏神社で行われる祭りです。牛頭天王は御笏神社のご祭神であり、災害や疫病を司る神だと言われています。この牛頭天王を祭る牛頭天王祭は江戸時代から続いていて、太鼓と木遣りが神輿を先導し、神着地域を巡行します。要所要所で神輿が大きく揉まれると観客からは盛大な拍手が起こります。祭りの見どころは、祭りの最後に神輿を納めるための担ぎ手の攻防であり、観客は例年最高潮に盛り上がります。

出典：東京都総務局三宅支庁（平成31年3月）『三宅島（冊子）』、p.64より引用

三宅島の伝統芸能

〔獅子舞〕

三宅島に古くから伝わる伝統芸能として獅子舞があります。獅子に頭を噛んでもらうと厄払いや無病息災の効果があると言われています。三宅島では現在も獅子が各家庭を踊り歩き、厄払いをする「初午祭」が行われるなど、その伝統が各地域の青年団や芸能保存会を通じて保存され、受け継がれています。

〔三宅太鼓〕

三宅太鼓は神着地区に伝わる伝統芸能で「木遣太鼓」とも呼ばれています。その起源は、言い伝えによると江戸時代後期に島民が伊勢参りに行き、その帰りに立ち寄った祇園祭での太鼓のリズムを三宅島に持ち帰ったのが最初だと言われています。三宅太鼓は毎年行われる「牛頭天王祭」でも、巡行が終わる16時頃から神輿が納められるまで披露されます。

［木遣り唄］

　神輿を先導し、榊を持ちながら唄うのが「木遣り唄」です。木遣り唄の起源は桃山時代に発祥した労働歌だと言われています。三宅島ではもともと、廻船での荷下ろしの際や山から木材を運搬する際に、力を合わせる音頭として唄われていました。その伝統は現在でもかたちを変えて引き継がれていて、牛頭天王祭などでの神輿を盛り上げています。

三宅島の民謡

島節　三宅島かよ　緑の島か　小鳥さえずる唄の島
　　　わたしゃ三宅の　御神火育ち　くちにゃ出さねど　こがす胸
　　　水になりたい　三宅の水に　可愛いあの娘の化粧の水
　　　二度と来るなよ　三宅の島へ　来れば帰るがいやになる

江島　花の江島が　唐糸ならば　たぐりよせたい膝元へ
　　　鳥の身なれば　近くの森で　こがれて鳴く声きかせたい
　　　雨はしょぼしょぼ　夜はしんしんと　心細さよ夜は更けて

三宅島音頭（作詞：野口魚酔／作曲：菊池淡水）
　　　ハァーアー　都はなれてあこがれのせて
　　　夢のまにつく　夢のまにつく三宅島
　　　ホンニヨイトコ　コラヨイトコナー

あじさい音頭（作詞：野口魚酔／作曲：春日八郎）
　　　海の碧さよ　雄山もはれて　浪にうかんだ三宅島
　　　磯の香りにめざめた春に　島は七重の花ざかり
　　　わたしゃ三宅の　あじさい娘　島で生まれて島そだち
　　　花は七度　化粧をしても　思いひといろ春に咲く

資料：三宅村役場（昭和47年4月1日）『三宅村村勢要覧～昭和45年・46年版』、p.54

特徴④　危機管理——火山との共生

　三宅島では、災害時の対応や津波危険区域などを示した「三宅島防災のしおり」「防災マップ」の作成や海抜掲示板を設置するなど、防災意識の向上に取り組んでいます。噴火や台風、津波などのさまざまな自然災害に対応できるよう、住民の安全確保と災害対策の強化を推進しています。

　また、現在も続く火山ガスの放出を24時間体制で観測し、必要に応じて情報伝達する「火山ガス観測システム」を構築しているほか、災害などのあらゆる緊急情報を瞬時に伝達できる「全国瞬時警報システム（J-ALERT）を導入しています。

　さらに、住民への防災対策として、2011（平成23）年「IP告知端末（テレビ電話）」を島内の全世帯に設置し、村からのお知らせのほか、船と飛行機の運航状況などの生活情報や火山ガスに関する情報などを提供しています。

三宅島　防災マップ

防災マップについて

　三宅島防災マップは、自然災害が発生することを予想し、泥流がはんらんするおそれがある範囲とその程度、津波や火山ガス等によって被害を受けるおそれがある範囲、さらには各地区の避難所を示しています。住民の方々にこれらの被害の可能性を知っていただくことにより、緊急時の避難などに役立たせるために作成しました。

○マップの作成にあたっては、およそ100年に一度起こる程度の大雨（24時間で436mm）を想定しています。雨の降り方によっては、実際のはんらん範囲はこれよりも広くなったり、逆に狭くなったりすることもあります。また、土地のかたちが変わったり、砂防施設などが建設されたりすると、はんらん範囲が変化します。

○大雨のときや、津波のおそれのある時には、役場から避難の勧告あるいは指示が出されますので、防災無線や広報車などの情報に注意しましょう。いざという時に備え、あなたの家から避難所までの道筋や、家族との連絡方法などを確認しておきましょう。

○このマップは、砂防・火山や津波などの学識経験者や専門家の意見を聞きながら、東京都建設局が作成した泥流氾濫想定区域図をもとに作成したものです。

なお、このマップは平成24年2月時点の砂防ダムなどの建設状況をふまえて作成されたものであり、さらに、建設が進むことにより修正されるものです。
　　　　　　　　　　　　　　　　平成24年3月　三宅村

泥流災害・水害とは・・・

① 泥流とは、雨によって流れ出した土砂が、地形の低い方へと勢いよくまっすぐに流れる現象です。大きな岩や立木などを含むため破壊力が大きく、巻き込まれると抜け出せません。

② 泥流は自動車よりも早く流れることがあり、家や橋なども押し流されるおそれがあります。大雨警報が出た場合には、沢や谷底におりてはいけません。その周辺や橋の上も危険な場合があります。

③ 短時間に大量の雨が降ったり、長雨が続くと、地中にしみこめない水が、道路や家の中へも浸入することがあります。また、ときには短時間で水位が上がることもあります。

④ 豪雨や長雨のときは、沢など周囲よりも低い場所や泥流の危険がある場所には近づかないようにしましょう。さらに、防災無線や広報車などの情報に注意しましょう。

噴火から時間が続いても、大雨のときには泥流発生の危険があります。泥流には家や車を押し流す力があります。

短時間で水位があがり、道路と川の境もわからなくなることがあります。

津波とは・・・

　津波は、主に海域で起きた地震によって、海の水が陸地に押し寄せる現象を言い、下図の特徴があります。大きな揺れや、ゆっくりした揺れを感じたら、すぐに避難しましょう。

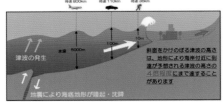

津波は猛スピードで襲ってきます
津波が見えてからではとても逃げ切れません

津波の速度　時速800km　時速110km　時速36km
水深5000m　100m　10m
津波の発生
地震により海底地形が隆起・沈降

斜面をかけのぼる津波の高さは、地形により海岸付近に到達が予想される津波の高さの4倍程度にまで達することがあります

火山ガスの影響とは……

　三宅島の火山ガスには、健康に影響を与える有毒物質、二酸化硫黄が多く含まれています。二酸化硫黄は、無色で刺激臭のある気体で、下記のような健康被害の発生が想定されています。このため、三宅島で安全に生活できるように、火山ガスの注意報・警報が発令されているかを、三宅村のホームページやテレホンサービス等で情報を提供していますので、ご参照ください。

＜長期的な影響＞
○体内には蓄積されませんが、持続性のせき・たん等の症状が出るリスクが増加します。（年平均値が0.04ppmの場合、「せき・たん」の有症率は通常より2%程度上昇します。）

＜短期的な影響＞
○呼吸器や目、のどなどの粘膜を刺激し、高濃度になると呼吸が苦しくなることがあります。
○健康な人が感じない低い濃度でも、高感受性者では喘息の発作を誘発したり症状を増悪させることがあるため、注意が必要です。
○警報レベルより高い濃度では、生命に関わる重篤な健康影響のリスクがあります。

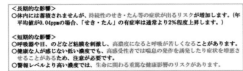

火山ガス情報等を24時間提供しております。
・インターネット　　　　　http://www.miyake-so2.jp/
・携帯電話　　　　　　　　http://www.miyake-so2.jp/keitai
・テレホンサービス　　　　04994-6-0565
・防災行政無線の内容再確認　04994-6-0813

出典：防災科学技術研究所　火山情報WEBより引用
http://vivaweb2.bosai.go.jp/v-hazard/L_read/62miyakejima/62miyake_1h04\L.pdf

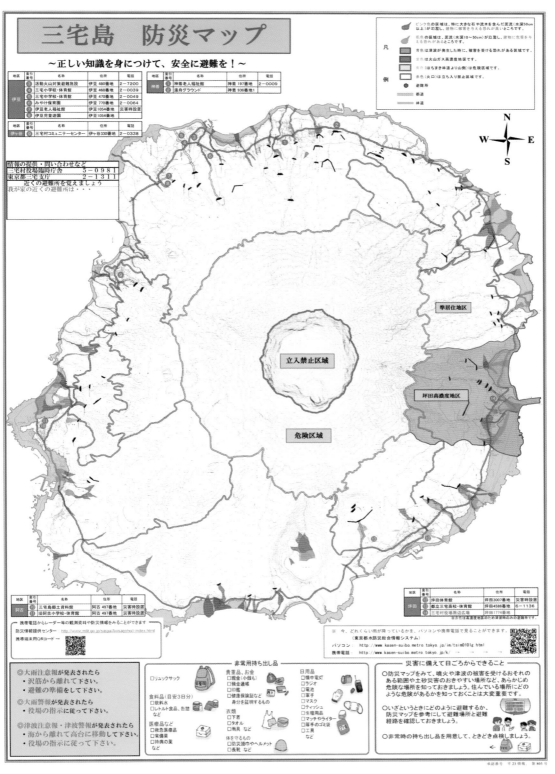

三宅島 防災マップ

～正しい知識を身につけて、安全に避難を！～

地区	索引番号	名称	住所	電話
伊豆	1	活動火山対策避難施設	伊豆 480番地	2－7200
	2	三宅小学校・体育館	伊豆 468番地	2－0039
	3	三宅中学校・体育館	伊豆 470番地	2－0049
	4	みやけ保育園	伊豆 770番地	2－0064
	5	伊豆老人福祉館	伊豆 1054番地	災害時設置
	6	伊豆児童遊園	伊豆 1054番地	

地区	索引番号	名称	住所	電話
伊ヶ谷	7	三宅村コミュニティーセンター	伊ヶ谷330番地	2－0338

地区	索引番号	名称	住所	電話
神着	8	神着老人福祉館	神着 197番地	2－0009
	9	湯舟グラウンド	神着 936番地1	

情報の提供・問い合わせなど
三宅村役場臨時庁舎　5－0981
東京都三宅支庁　　　2－1311
近くの避難所を覚えましょう
我が家の近くの避難所は・・・

凡例
- ピンク色の区域は、特に大きな石や流木を含んだ泥流（水深50cm以上）が氾濫し、建物に被害を与える恐れが高いところです。
- 折色の区域は、泥流（水深10〜50cm）が氾濫し、建物に危害を与える恐れがあるところです。
- 青色は津波が発生した時に、被害を受ける恐れがある区域です。
- 茶色は火山ガス高濃度地区です。
- （はちまき林道より山側）は危険区域です。
- 赤色（火口）は立ち入り禁止区域です。
- ● 避難所
- 都道
- 林道

立入禁止区域

危険区域

神着住地区

坪田高濃度地区

地区	索引番号	名称	住所	電話
阿古	10	三宅島郷土資料館	阿古 497番地	災害時設置
	11	旧阿古小学校・体育館	阿古 497番地	災害時設置

地区	索引番号	名称	住所	電話
坪田	12	坪田体育館	坪田300?番地	災害時設置
	13	都立三宅高校・体育館	坪田4586番地	6－1136
	14	三宅村役場周辺広場	坪田1774番地	

携帯電話からレーダー等の観測資料や雨量情報をみることができます
防災情報提供センター　http://www.mlit.go.jp/saigai/bosaijoho/index.html
携帯端末用QRコード →

※ 今、どれくらい雨が降っているかを、パソコンや携帯電話で見ることができます。
（東京都水防災総合情報システム）
パソコン　http://www.kasen-suibo.metro.tokyo.jp/im/tsim010lz.html
携帯電話　http://www.kasen-suibo.metro.tokyo.jp/k/

◎**大雨注意報が発表されたら**
・沢筋から離れて下さい。
・避難の準備をして下さい。

◎**大雨警報が発表されたら**
・役場の指示に従って下さい。

◎**津波注意報・津波警報が発表されたら**
・海から離れて高台に移動して下さい。
・役場の指示に従って下さい。

非常用持ち出し品

リュックサック

貴重品、お金
- 現金（小銭も）
- 預金通帳
- 印鑑
- 健康保険証など
  身分を証明するもの

食料品（目安3日分）
- 飲料水
- レトルト食品、缶詰
  など

医療品など
- 救急医療品
- 常備薬
- 持病の薬
  など

衣類
- 下着
- タオル
- 雨具　など

体を守るもの
- 防災頭巾やヘルメット
- 長靴　など

日用品
- 懐中電灯
- ラジオ
- 電池
- 軍手
- マスク
- ティッシュ
- 生理用品
- マッチやライター
- 厚手のゴミ袋
- 工具
  など

災害に備えて日ごろからできること
○防災マップをみて、噴火や津波の被害を受けるおそれのある範囲や土砂災害のおきやすい場所など、あらかじめ危険な場所を知っておきましょう。住んでいる場所にどのような危険があるかを知っておくことは大変重要です。

○いざというときにどのように避難するか、防災マップを参考にして避難場所と避難経路を確認しておきましょう。

○非常時の持ち出し品を用意して、ときどき点検しましょう。

立入規制区域と内容

　三宅島では、二酸化硫黄濃度が高くなりやすい地域に対して「三宅島火山ガスに対する安全確保に関する条例」に基づき、火山ガスの危険性に応じ、①立入禁止区域、②危険区域、③高濃度地区、の規制区域が設定されていました。現在も２種類の立入規制区域が残っており無許可での立入が認められていませんが、令和２年度からエコツーリズムの推進により、危険区域の一部へ立入が可能となります。

名称	地域設定	規制内容
①立入禁止区域	火口縁から海側方向に100mの範囲	立入禁止。ただし、火山学者および研究者等の立入は可能（火山活動の監視、観測、学術研究等／登録・許可が必要）。
②危険区域	立入禁止区域の外側から、環状林道（通称：鉢巻道路）までの範囲	立入禁止。ただし、復旧作業等に係る関係者は立入可能（許可が必要）。
③高濃度地区	危険区域の海側で、火山ガス濃度の高い「坪田地区」	原則立入禁止および居住禁止。ただし、島民の生活上必要不可欠な行為等については、条件を付した上で立入可能とする。 必要最低限通過のみが認められている。自動車で通過する場合は、窓を閉め切り、エアコンを内気循環にして速やかに通過すること。
※③は現在地域指定されていません。		

出典：三宅村（平成17年1月）『三宅村 防災のしおり』、p.7

回転灯付き屋外拡声子局の設置

　島内の43箇所に屋外拡声子局が設置されており、屋外で注意報・警報等の情報が伝わるようになっています。そのうちの14箇所には、注意報・警報の状態を示す回転灯があわせて設置されています。警報（火山ガスレベル4：赤色）、一般注意報（同レベル3：緑色）、高感受性者警報（同レベル2：黄色）、高感受性者注意報（同レベル1：青色）の4色で情報を伝えています。

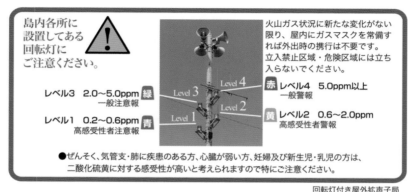

回転灯付き屋外拡声子局

出典：三宅村村勢要覧（平成30年12月）、三宅村、p.18より引用

災害の備え……火山ガスから身を守る防災十か条

　『三宅村防災のしおり』では、火山ガスから身を守ることを中心に、①火山ガス発生前にできること、②火山ガスが発生したら、の段階に応じた対応を示しています。また、噴火、地震、津波、風水害、泥流等の自然災害に対する心構えについても解説しており、チェックリストも用意しています。自然災害を経験した地域だからこそ、日頃から防災意識をもつことの大切さが感じられます。

火山ガスから身を守る防災十か条

①外出するときは、外出先を周囲の人に知らせておきましょう。

②ガスマスクを常時携帯しましょう。

③中央診療所や伊豆避難施設へ移動する方法を確認しておきましょう。

④以下のような場所に近づかないようにしましょう。
　・高濃度となりやすい山腹や沢筋
　・火山ガス注意報・警報が届きにくい場所

⑤日ごろから自宅周辺、学校、勤務先などで、どのような危険性があるか、考えておきましょう。

⑥日ごろから火山ガスの話に耳を傾け、警報が発令された場合の行動を把握しておきましょう。疑問が生まれたら、すぐに相談しましょう。

⑦非常持ち出し品をそろえておきましょう。また、常備薬やめがねなど、毎日使っているものは決まった場所においておくと、いざという時にとり忘れがありません。

⑧地域とのコミュニケーションを密にとり、災害時は相互に助け合える環境をつくりましょう。周囲の助けを必要とする人（高感受性者・要介護者）を認識しておくことも重要です。

⑨防災チェックシートを活用して、災害時の家族同士の連絡方法や集合場所、避難経路などについて確認しておきましょう。

⑩低いガス濃度でも重大な健康被害が考えられる感受性の高い人（高感受性者）および要介護者については、突然の高濃度ガスにおおわれる可能性を考慮して、単独の外出はしないようにしましょう。

※帰島時の「防災のしおり」を参考としており、現在とは異なります。
最新は H31.3 版が作成されています。

出典：三宅村（平成 17 年 1 月）『三宅村 防災のしおり』、p.13-14

【参考】 日本と東京における観光危機管理の考え方

　日本は「災害大国」とも呼ばれているように、世界各国と比較をしても自然災害のリスクの高い国です。地震、津波、台風、火山噴火、土砂災害、疫病など、世界中で発生する自然災害のほとんどが日本で起こる可能性があります。日本がこれから観光立国を推進していくためには、これまで以上に災害に強い国づくり、「安全・安心」な国にしていくことが必要です。また、東京都でも 2020 大会を迎えて増加する訪日外国人観光客に対する災害時の対応に取り組んでいます。

　近年、観光分野の防災・危機管理の必要性はより一層高まってきています。その一つとして、ここでは観光危機管理について紹介します。観光危機管理とは、観光を災害などの危機から守り、危機の影響を低減し、危機に遭遇した場合でも、いち早く復興できるように準備をしていくことです。観光危機管理の基本となる要素は、Rで始まる4つの英語で表されています。

減災 （Reduction）	観光危機管理の第一歩は、起こりうる危機・災害とその影響を想定することです。減災には2つの重要な要素があると考えられています。 　1つめは、危機の発生そのものを防止・抑制することです。たとえば、火災は普段から火気の安全な取り扱いに注意することで、その発生を防ぐことができます。 　2つめは、危機や災害そのものの発生は止めることができなくても、それによる負の影響を少しでも小さくすることです。たとえば、台風の上陸を止めることはできなくても、台風に備えてガラスの破損を防止したり、観光客に外出を控えるように案内したりすることはできます。減災においては、起こりうる危機・災害の総合評価を行い、優先的に取り組むものを決定することが必要です。
危機への備え （Readiness）	危機への備えをするには、平常時から、起こりうる危機を想定し、どのような危機のときに、誰がどのように行動するかを具体的に検討し、それをわかりやすい計画やマニュアルにしておくことも必要です。危機が起こる事前に意思決定を決めておくことは危機への備えの大事な鍵になります。 　また、どんなに完璧な計画やマニュアルがあっても、それだけでは、いざというときにすばやく行動ができないこともあります。そのため、危機への備えという点では、日頃から計画やマニュアルにもとづいて訓練をすることも重要です。
危機への対応 （Response）	危機への対応とは、危機が発生したときや危機の発生リスクが迫っているときに、旅行者や観光客の安全の確保をすること、また危機による旅行者や観光客への影響を回避するために必要な行動をとることです。さらに観光関連事業者ができる限り事業を継続できるようにするための行動もこのなかに含まれます。
危機からの復興 （Recovery）	危機からの復興とは、危機後にいち早く観光インフラや観光施設、観光関連事業者の運営やサービス提供を通常の状態に戻すこと、また、それと並行して危機に直面した観光地に観光客が戻ってくるようにマーケティング・プロモーション活動を行うなどです。

参考文献：高松正人（2018）『観光危機管理ハンドブック』、朝倉書店

特徴⑤　完結と連携──島ならではの特性と発展の可能性

完結：島ならではの漁業・農業

　島は四方が海に囲まれているため、自然環境や産業が、地域内で完結していることが特徴です。三宅島では、漁業や農業など自然と共存しながら、海や大地の恵みを活かした産業が発展しています。

漁業

　三宅島の周辺の海は、黒潮の影響を受けて、多くの回遊性魚類が生息しています。そのため三宅島では漁業が発展していて、曳網漁業（カツオ類・マグロ類など）や一本釣り漁業（キンメダイ・メダイなど）、刺網漁業（イセエビ・タカベなど）、採貝藻漁業（トコブシ・サザエ・テングサ・トサカノリなど）が操業されています。定置網漁業（カンパチ・ヒラマサ・アカイカ・ムロアジなど）は現在休止中であり、再開に向けて取り組んでいます。

　2000年の噴火以降、三宅島では漁業量が減少傾向にあります。また、噴火による泥流被害を受けて、テングサやイセエビ、貝類などの磯根資源も同じく減少傾向にあります。しかしながら、近年ではキンメダイ漁が盛んになり、水揚げの主要な割合を占めつつあります。また、テングサやイセエビ、貝類などの磯根資源についても、漁場の環境整備や稚貝放流などによる資源管理を行い、漁業量の増大に努めています。

　島で獲れた新鮮なムロアジやトビウオ、シイラなどの一部は、すり身や燻製などに加工販売され、岩ノリやテングサなどは乾物として販売されています。

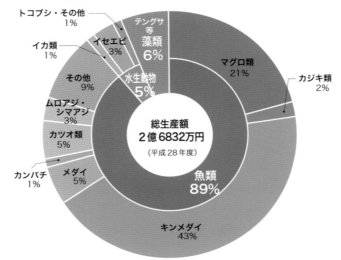

■主な漁獲魚種と生産額の割合

トコブシ・その他 1%
イカ類 1%
イセエビ 3%
テングサ等藻類 6%
マグロ類 21%
カジキ類 2%
その他 9%
水生動物 5%
ムロアジ・シマアジ 3%
カツオ類 5%
カンパチ 1%
メダイ 5%
総生産額 2億6832万円（平成28年度）
魚類 89%
キンメダイ 43%

※グラフデータは東京都三宅支庁管内概要より引用。

出典：三宅村村勢要覧（平成30年12月）、三宅村

105

農業

2000年の噴火以前は、海洋性の温暖な気候を活かし、アシタバやキヌサヤなどの野菜と、レザーファンやタマシダなどの切葉類を中心とした花き観葉植物の栽培が盛んでした。特にアシタバは伊豆諸島最大（国内最大）の産地で、レザーファンとともに村の基幹作物となっていました。

現在も継続する火山ガスの噴出は農作物への多大な被害をもたらしています。そのため、2000年の噴火以降、三宅村では作物転換も視野に入れた営農再開の取り組みが行われています。復旧した農地では比較的火山ガスに強いアシタバや赤芽イモ（サトイモ）などの作付けが多くなっているほか、コルディリーネやキキョウランなどの切葉類もハウスで栽培されるようになってきています。また、火山ガスの影響を受けにくいパッションフルーツの栽培もはじまり、三宅島の新たな特産品として注目されるようになってきています。

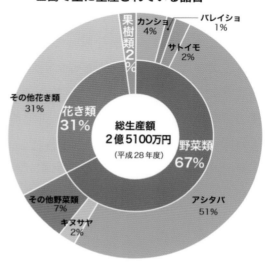

■島で主に生産されている品目

※東京都農産物生産状況調査による。
※グラフデータは東京都三宅支庁管内概要より引用。

出典：三宅村村勢要覧（平成30年12月）、三宅村

連携：産業間連携・世代間連携・地域間連携

島としての特性である完結を基本としつつも、連携によってさらに大きな可能性へと地域を導くことができます。連携には、産業間の連携、世代間の連携と、地域間の連携の3つの連携に取り組むことが求められます。

連携①：産業間連携

現代の観光は、これまでの郷土料理や伝統工芸などの地域の特産品だけでなく、観光客の求めるものに応じて、さまざまな商品を提供する新たな取り組みが必要になってきています。

観光客の求めるものに応じたさまざまな商品を提供するためには、多くの人々の気を惹き、人々を集める「地域集客商品」を開発していくことも重要です。地域集客商品を開発するには、地域で発展してきた独自の産業だけで頑張るのでは

なく、地域のさまざまな産業が連携・協力し、アイデアや工夫を出し合うことで、地域集客商品の生まれる可能性が高くなります。"これっ"といった知名度のある資源がなくても、アイデアや工夫次第で、どんな地域でも観光客の求める商品づくりの可能性が埋もれているのです。

　ここでは、三宅島の地域集客商品の例として、アシタバ（明日葉）について紹介します。アシタバは、伊豆諸島に自生するセリ科の野草で、昔から三宅島では食用、お土産品として親しまれてきました。アシタバは、天ぷらやおひたしにして食べるとおいしく、三宅島では昔から常食されていました。このアシタバについては、近年の研究で豊富なミネラルとカルコンを含んでいることがわかり、健康野菜として注目されるようになってきています。とくに、アシタバに含まれるカルコンは、他の野菜にはない特有の成分であることがわかっていて、抗菌作用が強く、血栓の予防や動脈硬化、ガン予防などに効果があることが科学的にも証明されています。

　アシタバの名前の由来は、「今日、葉を摘んでも明日にも新芽を出す」ところからきているといわれるほど生命力の強い植物です。三宅島では 2000 年の噴火以降、このようなアシタバの特性を活かし、アシタバを主要な特産品とする動きがはじまっています。たとえば、「三宅島のあしたばカレー」「あしたば炊き込みごはんの素」「三宅漬（アシタバを原料とした漬物）」「あしたばアイスクリーム」「あしたばバームクーヘン」「あしたばラスク」「あしたばリーフパイ」「乾燥粉末あしたば」などです。

　このように三宅島では、2000 年噴火以降、アシタバを中心にさまざまな産業が連携をしながら、地域集客商品の開発に取り組んでいます。

（一社）三宅島観光協会で取り扱っているアシタバ関連の特産品
（2020 年 3 月筆者撮影）

連携②：世代間連携

　地域の人たちの愛着や誇りの多くは、地域の固有の文化や生活・暮らしに密着しているもののなかにあります。他の地域が真似ようとしても追いつけないもの、他の地域との違いを見出せるもの、それが「地域の記憶」です。

　それぞれの家では、先祖から受け継いだものを子ども、孫の世代にどのように残すかを当たり前のように考えて行っています。これこそがその家の固有の記憶を先祖から今につなげ、そして後世に伝える取り組みです。地域のなかには、それぞれの家と同じように、その長い歴史のなかで培われてきた価値観やしきたりがあります。そして、このような個々の家での取り組みを地域で展開していくことが、「地域の記憶」につながります。

　地域が着実に成熟の途を歩むためには、「地域の記憶」をまちづくりの精神背景に置く取り組みが必要不可欠です。つまり、「ここでなければ体験・経験することができない」という地域のアイデンティティを強めることです。

　ここでは、三宅島の地域の記憶として「もやいの精神」を紹介します。三宅島には、「もやい」と呼ばれる住民同士の相互扶助、助け合いの精神が育まれています。この「もやい」は、日常生活や冠婚葬祭などの場面で代々、受け継がれています。たとえば、日頃から住民同士でお互いに助け合い、なんでも相談したり、また役所からの大切な情報なども、電話や郵便よりも住民同士の伝達により情報共有をしたり、さらに冠婚葬祭などは、近所の人たちがみんなで協力・参加するなど、もやいの精神は、三宅島での暮らしのなかで必要不可欠なものになっています。

　地域のなかで当たり前に存在していることでも、地域の外から見るとお宝が眠っている場合もあります。観光、あるいは旅に出ることの目的は、日常生活にはない刺激を得るためなのです。つまり、日常との対比（コントラスト）を感じなければ、人はそこに楽しみを感じることはできませんし、人を集めることはできません。このような日常との対比ということを踏まえると、日常生活のなかで人との交流の希薄化やインターネット・スマートフォンに頼った生活をしている都会の人たちにとって、三宅島の暮らしは、大きな魅力の要素を含んでいると考えることができます。

　「地域の記憶」をまちづくりに活かすことが地域の成熟には欠かせません。それを継続していくには、時代や社会の変化はあっても、「地域の記憶」をまもり、次の世代につなげていくことが重要になってきます。

グリーン・ツーリズムの魅力

　グリーン・ツーリズムとは、農林水産省の報告書によると「緑豊かな農山漁村地域において、その自然、文化、人々との交流を楽しむ滞在型の余暇活動」と説明されています。グリーン・ツーリズムは、ドイツ、フランス、オーストリアなどで1970年代から80年代にかけて普及されるようになりました。別名「農村リゾート」とも呼ばれていますが、都会を離れ、農村に長期間滞在し、農村生活を体験したり、地域の伝統文化にふれたり、地域の人たちとの交流をしたりなど、都会ではなかなか体験することができない非日常的な生活体験をする新しい観光のスタイルです。

　近年、このようなグリーン・ツーリズムは、とても注目されるようになってきています。観光客の集客の方法として、地域にないものを嘆いたり、新しいものを持ち込んだりすることに目がいきやすいですが、グリーン・ツーリズムが人気になっている背景を見るといまあるものに磨きをかけて、人を惹きこむことも重要であることがわかります。

　グリーン・ツーリズムでは、たとえば、一見するとネガティヴな印象を受ける地域の独特な方言が、観光の魅力を演出する要素になるなど、その地域に住んでいる人たちにとっては、当たり前で気づかないことでも、他の地域の人からすると魅力的な観光資源になることがあるのです。

連携③：地域間連携

　江戸時代の記録によると「霊岸島（現在の東京都千代田区）を出港した帆船が三宅島に到着したのが80日目だった」と書かれています。この記録からもわかるように、江戸時代には、都心から三宅島までは、帆船で数十日、天候によっては数ヶ月もかかっていました。

　江戸時代とは違い、現代では、大型客船で都心から三宅島へは約6時間、あるいは飛行機を利用すると45分で行くことができるようになりました。このような交通機関の発展によって、現代では、観光客の往来だけでなく、三宅島の情報や特産品を都心の人たちにも知ってもらうことが可能になりました。

　地域の活性化には、一つの地域の頑張りだけでは、限界があります。持続的に地域への集客や関心をもってもらうためには、地域の内からだけでなく、地域の外からも積極的に、地域の存在感をアピールするための情報を発信しつづけていくことも必要になってきます。

　地域の外には、その地域のことを知らない人たちがたくさんいます。たとえば、

テクニカルノート9　地域の「強み」と「弱み」の捉え方

　観光・集客による地域づくりを進めるには、マーケティングにもとづく経営分析手法を取り入れることも効果的です。その入口にある考え方が、地域の「強み」と「弱み」を客観的に把握することです。今後の地域戦略を考えるにあたり、「強み」をもとに客観的に展開するとともに、一方では「弱み」を克服・強化するための取り組みが求められます。

　しかしここで留意しておく必要があることは、「強み」と「弱み」は表裏一体であるということです。「強み」は見方を変えれば「弱み」に、またその逆もありえるのです。身近な例えとして、"優柔不断な性格"といえば短所になりますが、"ものごとを熟考する性格"といえば長所となります。地域づくりの分野でみれば"既存イメージはなく、何の特徴もない地域"といえば「弱み」となるのですが、見方を変えれば、"既存イメージがないため、何だってできる地域"と捉えるとそれが「強み」ともなるのです。実際、既存イメージが強固な地域で新しいことに取り組もうとすると、「これは地域のイメージを壊す」「△△地域らしくない」と、地域への展開が難しくなることもあるのです。

　「強み」と「弱み」は、地域の内部要因分析ですが、外部要因として、「機会（時勢や周辺地域等で生じることが期待されるチャンスになるもの）」と「脅威（逆に脅かされる要因となること）」もあります。経営分析手法としては、それぞれの頭文字をとって『SWOT分析』と称しており、その分析を通して、積極化戦略、弱点強化戦略、差別化戦略、防衛策・回避戦略づくりにつなげています。

第1章

第2章

第3章

第4章

第5章

第6章

第7章

第8章

三宅島の場合も、「三宅島は、どこにあるのだろう？」「三宅島は、どんなところなのだろう？」「三宅島では、どんなものがつくられているのだろう？」など、三宅島の外には、三宅島のことを知らない・わからない人は、たくさんいるのです。三宅島のことを知らない・わからない人の関心を惹くには、三宅島の情報にふれるきっかけが必要になってきます。たとえば、「近所のスーパーで三宅島で採れた魚を売っていた」「今日、行ったレストランで食べた野菜は三宅島産だった」など、三宅島のことを知らない・わからない人が関心をもつきっかけは、意外なところに潜んでいることがありますし、そんな関心から三宅島を訪れようとする人もたくさんいるのです。そのため、地域を活性化させるためには、「地域の連携」という取り組みが大事になってきます。つまり、三宅島の内からだけでなく、地域で連携をして、三宅島の外（都心）からも三宅島の情報を積極的に発信してもらうことが重要です。

　地域の連携においては、都心との連携だけでなく、伊豆諸島の各島との連携も必要です。地域の潤いを一つの地域で独占するのではなく、地域全体で共有することで、地域全体の活性化につながり、地域全体のリピーターの確保につながります。たとえば、「三宅島が楽しかったので、次は隣の御蔵島にも行ってみよう」と思うなどです。

　持続的に地域への集客や関心をもってもらう、つまり、リピーターを確保するためには、その地域を訪れた「満足度」や「地域へのよい印象」とあわせて、「一度に全てを見ることができなかった」という余韻の気持ちを残すことも重要な要素です。一つの地域における集客や活性化に成功しても、それで安泰というわけではありません。どんなに魅力的な地域でも、それを維持させるのは難しいことです。

　地域の魅力を維持させるには、一つの地域の魅力づくりももちろん大事なことですが、地域全体で協力し、地域全体の魅力づくりに磨きをかけていくこと、それが観光客に「訪れたいと思わせつづけること」につながっていくのです。

観光パンフレット、自治体や観光協会等のホームページを
手掛かりに「地域の観光の特徴」を整理してみましょう！

　観光案内所や「道の駅」などに観光パンフレットがおいてあるのを見かけると思います。手にとって、"アピールしているポイントやテーマはどこか？"を確認してみてください。

　表紙の写真・イラスト、キャッチフレーズ、紹介している施設や場所などが地域の観光の特徴です。でも、まだ、気づかれていない地域の魅力が他にもあるのでは？　誰も知らない私だけの……。

パンフレットなどを手掛かりに地域の観光アピールポイントやテーマをまとめてみよう！
（例）火山と生きるこの島は　地球が残した軌跡と奇跡──三宅島
【キャッチフレーズ】
【テーマ】

あなたが思いついた、まだ知られていないテーマを3つあげてみよう！
1
2
3

ライバルの観光地と比較して、あなたのお気に入りの地域の「強み」と「弱み」を3つずつあげてみよう！	
強み（地域の観光の長所）	弱み（地域の観光の短所）

第6章 日本の観光の取り組みと 東京都の観光の取り組み

　三宅島の観光を考えるにあたって、わが国の観光に対する取り組み、東京都の観光の実態や今後の取り組みを知っておくことは大切です。本章では、わが国と東京都の観光の取り組みをみたうえで、地域を訪れた方々に対して、自分たちにでもできることを考えてみましょう。

“世界が訪れたくなる日本”を目指して

　近年、わが国を訪れる外国人旅行者は急激に増えています。2018年にわが国を訪れた外国人旅行者は3,000万人を突破しました。このような外国人旅行者の増加にともなって、観光産業も近年では、わが国の経済を支える産業へと発展・成長を遂げるようになっています。そして、観光産業は、今後もわが国の経済をますます発展・成長させる産業として、大きな期待が寄せられているのです。全世界の旅行者数は各国の経済成長に応じて、今後も増加していくことが見込まれており、2030年には、約18.1億人まで増加することが予測されています。このような全世界の旅行者の増加が見込まれるなか、わが国でも『明日のビジョンを支える観光ビジョン』のなかで、2020年には、4,000万人、2030年には6,000万人の外国人旅行者の来訪を目指すビジョンが計画されています。その一方で、今後、ますます“世界が訪れたくなる日本”を目指していくには、観光産業における現状のさまざまな問題点を把握し、それらを改善していくことも必要です。

【訪日外国人旅行者数の推移】

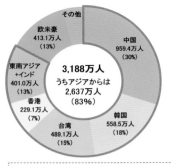

【訪日外国人旅行者国・地域別内訳】
（2019年）

出典：日本政府観光局（JNTO）
資料提供：東京都観光部企画課より図表を提供いただきました。

113

観光立国の実現に向けてのわが国の取り組み

　開国によって近代化をめざしたわが国では、西洋の技術を取り入れながら訪日外国人旅行者を誘致する一貫した取り組みを進めてきました。そしてわが国で初めての東京オリンピック開催の前年に、わが国で初めて観光に関する基本方針が示されました。それが1963年に制定された『観光基本法』です。その後、2006年に『観光立国推進基本法』が制定されました。

　このような背景には、2003年、当時の首相であった小泉純一郎氏がわが国の観光立国を推進するために、「日本の風土、伝統、文化、資源を活かし、観光立国、観光立県の実現を図ること」を政策として提言したことが大きく関係しています。その後、2006年に施行された観光立国推進基本法では、これまでの観光基本法が43年ぶりに全面改正され、21世紀のわが国の発展のために不可欠な課題として、観光立国の実現に関する施策が示されました。

『観光立国推進基本計画（2017）』では、

①国民経済の発展：観光を我が国の基幹産業へ成長させ、日本経済を牽引するとともに地域に活力を与える。

②国際相互理解の増進：観光を通じて国際感覚に優れた人材を育み、外国の人々の我が国への理解を深める。

③国民生活の安定向上：全ての旅行者が「旅の喜び」を実感できるような環境を整え、観光により明日への活力を生み出す。

④災害、事故等のリスクへの備え：国内外の旅行者が安全・安心に観光を楽しめる環境をつくり上げる。観光を通じて東北の復興を加速化する。

の4つの基本的な方針が示されています。

わが国における観光立国推進の必要性

　わが国全体の人口は、緩やかに減少傾向にあります。そのため、人口減少にある地方の地域においては、観光客を誘致して観光客の消費活動などを通じて地域の活力を維持しようとする取り組みが進められています。さらに、国内旅行者のみならず、増加傾向にある外国人観光客を地方都市にも誘客することの取り組みにも展開してきています。

　このように観光による世界からの交流人口の拡大は、わが国全体あるいは地方都市の地域活力の向上に重要な役割を担っています。ここでは交流人口の拡大に

よる地域活性化の例として、外国人旅行者の消費額についての推移を見てみましょう。

　近年、わが国を訪れる外国人旅行者の急激な増加にともなって、外国人旅行者のわが国での消費額も年々、増加の一途をたどっています。2012年は約1兆1,000億円でしたが、2019年には約4兆8,000億円となっていて、ここ7年間で外国人旅行者のわが国での消費額は4倍以上も増えていることがわかります。このような結果を見ても、交流人口の拡大が国の経済を発展・成長させ、地域活性化にも大きな役割を担っていることがわかります。

【外国人旅行者の消費額推移】

注：訪日は2018年より調査方法を変更しており、2019年の値は速報値
　　訪都の2019年の値は1月から9月までの速報値

出典：「訪日外国人消費動向調査」（観光庁）
　　　「東京都観光客数等実態調査」（東京都）

【日本人旅行者の消費額推移】

注：訪日の2019年の値は速報値
　　訪都の2019年の値は1月から9月までの速報値

出典：「旅行・観光消費動向調査」（観光庁）
　　　「東京都観光客数等実態調査」（東京都）

世界が注目する観光都市「東京」

　近年、東京は世界有数の観光都市として注目を集め、その評価も高まっています。とくに2013年9月の東京2020オリンピック・パラリンピック競技大会の開催決定以降、世界中の人たちからの東京への注目や関心は高まってきています。

　このような東京への注目や関心を示す指標として、アメリカの旅行雑誌「Conde Nast Traveler」が行った読者投票では、世界で最も魅力的な都市として、東京がここ最近4年連続で1位に選ばれています。また、ここ最近東京を訪れる外国人旅行者の数は、5年連続で過去最多の記録を更新しています。このようないくつかのデータをみても世界の人たちの東京への注目や関心がいかに高いのかがわかります。

テクニカルノート 10　上位計画・関連計画とは

　地方自治法の改正により現在は義務付けられていませんが、多くの区市町村では『（第△次）◎◎市総合計画』を策定しています。基本は 10 年間を計画期間とする「基本構想」と、5 年の計画としている「基本計画」を統合したものとして『総合計画』と称しています。例えば、前期総合計画は最初の 5 年間の計画、後期総合計画は後半の 5 年間の計画です。

　この総合計画は、地域の人口・世帯や就業人口と財政等の将来見通しを検討したうえで、地域づくりの大枠の方針を定め、地域づくりの柱ごとに具体的な施策を示しています。いわば、自治体の経営計画という性格を有しています。これは区市町村だけでなく、都道府県も計画名称は様々ですが、総合計画を策定しています。

　観光・集客による地域づくりを考えるにあたっては、当該区市町村の上位計画としては『総合計画』がこれに該当します。関連計画としては、分野毎の計画がこれに該当します。まちなかでの検討であれば「中心市街地活性化計画」、バリアフリーを考えるならば「福祉部門の計画」等、関連する分野において、「総合計画」で自治体としての全体の取組の考え方や具体的施策を把握した上で、個別分野での計画はないかを調査し、それを「関連計画」と捉えて実態を把握しておくことが、具体的に事業を実施・展開するうえで、円滑に進めることにつながってきます。

東京を訪れる人たち

　東京を訪れる旅行者の数は、国内外を問わず年々増えています。近年、東京を訪れた旅行者の数を見てみると、国内旅行などで東京を訪れた旅行者の数は、2004 年は 36,598 万人でしたが、2018 年は 53,650 万人になっているなど、この 10 年以上の間で大幅に上昇していることがわかります。しかし、近年の東京を訪れる旅行者の特徴として、外国人旅行者が急激に増えていることがあげられます。近年、東京を訪れた外国人旅行者の数は、2004 年は 418 万人だったのが、2018 年は 1,424 万人にも達していて、この 10 年以上の間で約 2.7 倍にも増えていることがわかります。

【訪都旅行者数の推移】

（万人）

━━ 訪都外国人旅行者数（左目盛）　　━━ 訪都国内旅行者数（右目盛）

（万人）

出典：「東京都観光客数等実態調査」（東京都）

　それでは東京を訪れる外国人旅行者はどこの国から、どのような手段で訪れる人が多いのでしょうか。東京都の『国・地域別外国人旅行者行動特性調査』によると、東京を訪れる外国人旅行者は、香港、台湾、韓国からの旅行者が多いのが特徴です。また訪れる手段については、個別手配が最も多く、次いでパッケージツアー、地域や職場、学校などでの団体旅行となっています。そして、このようなデータを参考にすると、東京を訪れる外国人旅行者は、東アジアからの旅行客が多く、個別手配の個人旅行者が多いのが特徴としてあげられます。

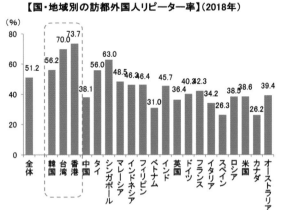

【国・地域別の訪都外国人リピーター率】（2018年）

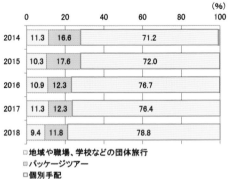

【訪都外国人旅行者の旅行形態の推移】

□ 地域や職場、学校などの団体旅行
□ パッケージツアー
□ 個別手配
□ 無回答

注：リピーター率は訪都回数2回目以上の割合
　　2014〜2016年は年度ベース、2017年以降は暦年ベース

出典：「国・地域別外国人旅行者行動特性調査」（東京都）

外国人旅行者の東京での楽しみかた

　東京を訪れる外国人旅行者が行った活動についての調査によると、最も多かったのは「日本食を楽しむ」となっていて、次いで「日用雑貨等のショッピング」「高層ビル等の探索」「服・服飾雑貨のショッピング」「伝統建築の見学」などがあげられています。このことから、外国人旅行者の東京での楽しみかたとして、食やショッピングなどが中心になっていることがわかります。

【外国人旅行者が訪都中に行った活動】（2018年）

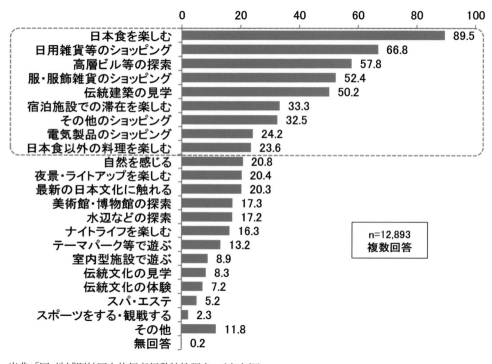

出典：「国・地域別外国人旅行者行動特性調査」（東京都）

地域別にみる訪都外国人観光客数

　東京を訪れる外国人旅行者が多く訪れる地域は、新宿・大久保が最も多く、次いで銀座、浅草、渋谷、秋葉原などが上位にきています。このような結果をみると、外国人旅行者がよく訪れる地域は、都心部が多いのが特徴です。しかしながら、東京は都心部だけでなく、魅力的な地域がたくさんあります。そのため、今後は、伊豆諸島などの離島をはじめ、都心部以外の魅力もどんどんアピールして

いくことが必要です。

　東京を訪れる外国人旅行者のなかにはリピーターも多く、リピーターにとっては都心部とは違う東京の一面を訪れることも大きな魅力になるはずです。

【訪都外国人旅行者が訪問した場所】（2018年）

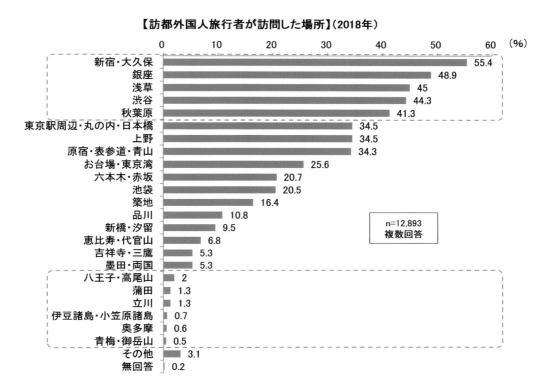

出典：「国・地域別外国人旅行者行動特性調査」（東京都）

第1章

第2章

第3章

第4章

第5章

第6章

第7章

第8章

東京を訪れる人たちによる経済効果

　第1章でも述べたように、観光は「見えざる輸出」ともいわれています。観光産業の発展は、その国（地域）に大きな経済的効果をもたらします。このことは東京も例外ではありません。近年の東京への旅行者の増加にともなって、旅行者の東京での消費額も大きなものになっています。たとえば、東京を訪れる旅行者の経済波及効果については、『東京都観光客数等実態調査（2018年）』によると、都内観光消費額が6兆361億円、生産波及効果が11兆8,139億円と報告されています。このような経済波及効果のなかには、旅行業、宿泊業、飲食業、運輸業、レジャー産業、小売業、通訳翻訳業、会議施設など、観光消費を通じたさまざまな業種が含まれます。

　このうち、外国人旅行者の東京での消費額は2018年には約1兆1,967億円、

119

経済波及効果は2兆3,493億円にも上っています。

　わが国全体の外国人旅行者の消費額は、2018年、約4兆8,000億円であると報告されています。このようにしてみると、わが国全体の約4分の1が東京で消費されていることになります。

　このような観光産業の振興は、経済的波及効果だけでなく、雇用の創出など地域の活性化に多様な貢献をしています。

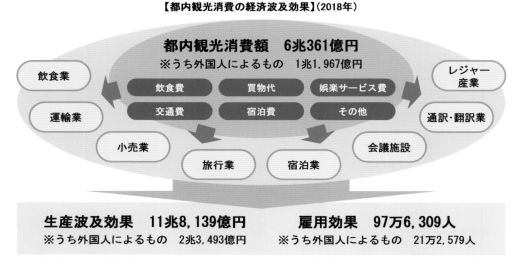

出典：「東京都観光客数等実態調査」（東京都）

東京2020大会に向けて

　「世界の都市総合力ランキング」2019年度版によると、現在、東京はロンドン、ニューヨークに次ぐ、第3位になっています。2020年に開催が予定されている東京2020オリンピック・パラリンピック競技大会に向けて、東京は急速な発展を遂げています。

　東京2020大会には、国内外からアスリートはもちろん、観戦者、メディア関係者など、世界中からたくさんの大会関係者や旅行者が東京に訪れます。東京2020大会は、世界中の人たちに東京を通じて日本各地の魅力を発信し、観光産業の更なる活性化につなげるための大きなイベントになります。

　その一方で、東京2020年大会に向けて、国内外を問わず東京を訪れる人たちに満足してもらうためには、訪れる人たちみんなが安心して観光することができるように、更なる環境の整備をしていくことが重要です。

　東京都では、東京2020大会に向けて、さまざまな国・地域の観光客を迎え

入れるために

①世界一のおもてなし都市・東京の実現〜あらゆる旅行者を歓迎する東京〜

②世界の旅行者を楽しませる旅行体験の創出〜多彩で良質な体験ができる東京〜

③旅行地としての世界的な認知度の向上〜グローバルに魅力を発信する東京〜

の３つを重点的なテーマとしています。

東京2020大会に向けた３つの重点テーマ

重点テーマ１　世界一のおもてなし都市・東京の実現
〜あらゆる旅行者を歓迎する東京〜

1. 観光案内機能の充実
2. 多言語対応の強化
3. 宿泊施設のバリアフリー化の推進

重点テーマ２　世界の旅行者を楽しませる旅行体験の創出
〜多彩で良質な体験ができる東京〜

1. ナイトライフ観光の推進
2. 都内各地域の多彩な魅力の開発と発信

重点テーマ３　旅行地としての世界的な認知度の向上
〜グローバルに魅力を発信する東京〜

1. 大会開催に向けた観光プロモーションの展開
2. 海外企業のビジネスイベンツの誘致
3. 日本各地と連携した旅行者誘致

出典：東京都（平成 31 年 4 月）『PRIME 観光都市・東京　東京都観光産業振興実行プラン〜東京 2020 大会に向けた重点的な取組〜』、ポケット版より引用

東京2020大会に向けたユニバーサルデザインを重視したまちづくり

　東京 2020 大会に向けて東京都が取り組んでいる大きなテーマが、誰もが訪れやすい地域社会の実現です。そのためには、東京を訪れる外国人旅行者や高齢者、障がい者の人たちに配慮し、みんなが安心して観光を楽しめるようにするためのまちづくりが必要です。このような誰もが訪れやすい地域社会の実現を目指すために重要なこととして、ユニバーサルデザインの理念について紹介します。

　ユニバーサルデザインとは、年齢、性別、国籍、個人の能力などにかかわらず、はじめからできるだけ多くの人が利用可能なように、都市や生活環境、施設、設備、製品、サービスなどをデザインすることです。ユニバーサルデザインの理念を重視することは、誰もが訪れやすいまちづくりだけでなく、誰にとっても暮らしやすいまちづくりにもつながっていくのです。

テクニカルノート 11　観光に関わる計画のタイプ

　多くの地域で観光に関する計画を策定していますが、「計画の読み方・把握の仕方」でも解説したように、観光に関する計画は法律（観光立国推進基本法等）に定められた計画ではなく、区市町村等が任意で定めている計画です。

　「◎◎市観光振興計画」「観光振興プラン」「観光振興アクションプラン」「観光実行計画」等、名称は様々です。これらを計画づくりの趣旨から大別すると、①観光振興型、②アクションプラン（実行プラン）型、③事業計画型に区分されます。

　「観光振興型」の計画は、地域の観光の特徴を取りまとめたうえで、区市町村の観光振興に関する目標や基本方針、取り組みの構成を示すとともに、効果的・戦略的に計画を進捗させるために、シンボルプロジェクトやリーディングプロジェクト（先導的取組事業群）などを定めているものも見られます。

　「アクションプラン（実行プラン）型」の計画は、地域観光の特徴から特に重点的に取り組む事項に絞って、より具体的な行動につなげる内容に特化していることが特徴です。また、前述の「観光振興」の計画に定めた計画期間を細分化（前期実行計画、後期実行計画等）し、より具体化した実行計画として位置づけているものもあります。

　「事業計画型」の計画とは、例えば教育旅行創出や地域体験プログラム創出、文化財活用や近代化資産活用、土産物開発、観光関連中核組織づくり、地域回遊サイン計画、受入環境・組織づくりなどの観光に関わる個別分野やテーマ性のある事業を進めるために策定されている計画です。

　このように「計画」と大きな括りで捉えるのではなく、計画の性格や観光事業における位置付けなども考慮して読み解くことが大切です。

第1章

第2章

第3章

第4章

第5章

第6章

第7章

第8章

私たちにもできること

　誰もが訪れやすいまちづくりや誰にとっても暮らしやすいまちづくりを実現するには、私たち一人ひとりも「私たちにできること」を実践していくことが望まれます。ここでは、私たちにできることを実行するための心がけについて紹介します。

心がけの基本　まちで困っている人を見かけたら、積極的に声をかけて、どんな手助けが必要かを尋ねてみましょう。たとえば……

◇まちなかでこんな人を見かけたとき、どうすればよいのでしょうか？

●道に迷っているとき

　知らないまちにくると、目的地にたどり着けず苦労することがあります。たとえば、外国人旅行者の場合、案内図が日本語で書かれていて、目的地にたどり着けず困っているなどです。そんな人を見かけたときは、日本語でも英語でも構わないので「何か、お困りですか？」と声をかけてみましょう。

●道路を渡るときやまちを歩いているとき

　横断歩道や歩道橋を渡るとき、たとえば、ベビーカー利用者や車いす使用者、視覚障がい者など、困っている人を見かけたら、「何かお手伝いしましょうか？」と声をかけてみましょう。また、まちを歩いているとき、たとえば、高齢者や妊婦が重い荷物やたくさんの荷物を持っているのを見かけたら、「お荷物、何かお持ちしましょうか？」と声をかけてみましょう。

◇交通機関でこんな人を見かけたとき、どうすればよいのでしょうか？

●駅のなかで困っているとき

　東京の電車は複雑でわかりにくいといわれます。目的地に行く電車・路線図の見方・出口や乗換口の場所、エレベーターの場所などわからない人を見かけたら、「何か、お困りですか？」と声をかけてみましょう。

●電車やバスに乗ったとき

　電車やバスの中では、妊婦、高齢者、障がい者、けがや病気の人、ヘルプマークをつけている人、乳幼児を連れている人など、座席や大きなスペースを必要とする人がいます。そんな人を見かけたら、「ここの席、座ってください」と声をかけて、気持ちよく座席やスペースを譲りましょう。

●車内放送が流れたとき

　車やバスに乗っていると、突然のアクシデントで停車することがあります。そんなとき、日本語のアナウンスがわからない外国人旅行者はとても不安になります。そんな人を見かけたら、「事故で電車が止まりました！」と日本語でも英語でも構わないので声をかけてみましょう。またこのような不安は、アナウンスを聞き取れない聴覚障がい者なども同じです。そんな人を見かけたら、「筆談をしましょうか？」とお尋ねしてみましょう。

●エレベーターに乗るとき

　車いす使用者、高齢者、障がい者、妊婦、けがや病気の人、ヘルプマークをつけている人、乳幼児を連れている人など、移動のためにエレベーターを必要とする人がいます。そんな人を見かけたら、たとえば、「車いすの方。どうぞお先に」と優先してあげましょう。また、階段やエスカレーターで移動できる場合、できるだけエレベーターの使用を控えることも手助けになります。

●エレベーターやエスカレーターに乗ったとき

　車いす使用者や障がい者など、エレベーターやエスカレーターに乗ったときに困る人もいます。たとえば、乗り降りに時間がかかってしまい、ドアが閉まってしまう、階数ボタンに手が届かないなどです。そんなときは、「開くを押しているので、お先にどうぞ」「何階に行きますか？」と声をかけましょう。また、エスカレーターに乗る場合も障がい者のなかには、どちらかの手でしか手すりをもつことができない人もいます。そんな人を見かけたら、相手の立場になって接してあげましょう。

●バスに乗るとき・バスを利用するとき

　これは目的地に行けるバスなのか、バスの乗り方はどうするのか、困る人がいます。そんな人を見かけたときは、「何か、お困りですか？」と声をかけてみましょう。

◇店舗・施設でこんな人を見かけたとき、どうすればよいのでしょうか？

●入口で困っているとき

　車いす利用者などは、店舗や施設の入口に急なスロープや段差があると困ってしまいます。そんな場面に遭遇したときは、「車いす押しましょうか？」と声をかけてみましょう。ただし、車いすは勝手に触ってはいけません。押すときは、振動の衝撃を感じないようにゆっくりと押してあげましょう。

●飲食店などに入ったとき

　飲食店に入ったとき、外国人旅行者が日本語で書かれているメニューがわからないなど、困っている様子を見ることがあります。基本的にお客様には店員が対応するようになっていますが、ちょっとした困りごとならこちらから声をかけることで手助けできることもあります。たとえば、食券システムの使い方がわからないで困っているときは、「食べたいものは何ですか?」と声かけしてみる、支払い場所がわからないときは、「お困りですか?」と声かけしてみるなどです。手助けが難しいときは、店員を呼んであげましょう。

●店舗や施設を利用するとき

　外国人旅行者が店舗や施設を利用するとき、案内図が日本語で書かれていて、どこに何があるのかわからないと困っていることがあります。そんな場面に遭遇したときは、「行き先はどこですか?」と日本語でも英語でも構わないので声をかけてみましょう。また手助けが難しいときは、店員や係員を呼んであげたり、総合案内所の場所を教えてあげましょう。

◇けが人や急病人を見たとき、どうすればよいのでしょうか?

　けが人や急病人を見たときは、誰かがすぐに手当てを行うことが大切です。まちなかでけが人や急病人に遭遇したときは、「どうしましたか?」「わかりますか?」と声をかけ、状態や要望を確認します。意識がないときは、「人が倒れています!」と大声で周囲の人たちに協力を求めましょう。

　店舗・施設で遭遇した場合は近くの店員や係員に、交通機関で遭遇した場合は駅員や乗務員にすみやかに連絡をし、対応してもらいましょう。

◇大震災などが発生したとき、どうすればよいのでしょうか?

　もしも大震災が発生したら、まずは自分自身の命を守ることを最優先に考え、周りの様子を見ながら冷静に行動しましょう。落ち着いて落下物から身を守り、安全な場所へ避難することが重要です。配慮が必要な人がいたら声をかけ、助け合いをしましょう。

　とくに外国人旅行者の場合、地震の経験がない人も多いので、地震が起こると不安になります。そんな人を見かけたら、避難場所を伝えてあげる、避難場所に一緒に行ってあげる、英語の情報がどこで見られるかを伝えてあげるなど、必要に応じて手助けしてあげましょう。外国人への声かけは日本語でも英語でも構いません。会話が難しいときはスマホの音声翻訳アプリを使ったり、英語の話せる

人に協力を求めましょう。

　また、地震が起きたとき、大勢の人が集まる店舗・施設では非常口や階段に人々が殺到し、けがをする危険があります。係員の誘導で避難するときは、「係員が指さす方向へ行きましょう！」と声をかけ合い、落ち着いて行動しましょう。日本語のわからない外国人旅行客を見かけたときは、身ぶり手ぶりで避難経路を伝えたり、係員や周囲の人たちに協力を求めて助け合いましょう。

テクニカルノート 12　計画の読み方・把握の仕方

　収集した上位計画や関連計画の読み方には技があります。その計画が、関連する法律に基づいた計画である場合、「法定計画」と呼んでいます。法定計画の場合は、法律によって定めるべき内容が規定されているため、どの地域の計画でも枠組みは統一されています。ちなみに観光・集客に関する計画（例えば観光振興計画など）は、法律に基づく計画ではなく、区市町村が独自に策定している計画です。

　次に表紙あるいは裏表紙・奥付で策定者を確認しましょう。区市町村名で公表されているか、部署名で公表されたものかによっても、地域での位置づけは異なります。法定計画かどうか、策定者は、「はじめに」に記載されていることも多いので参考にしましょう。

　いよいよ計画の中身ですが、前段部分（場合によっては参考編に示されていることもある）に、地域の現状と課題が示されています。計画内容として確認するポイントは、①計画期間、②目指すべき姿・目標、③計画の基本的な捉え方（基本方針）、④計画の構成・体系、⑤体系に基づく具体的な取り組みです。観光・集客に関わる企画・構想を提案する際には、上位計画・関連計画において、どの基本方針に関わるものであり、どの体系に位置づけられているかを示すことによって、地域の取り組みに合致していることの証明ともなり、以降の事業展開を円滑に進めることにもつながります。

ここでは、誰もが訪れやすいまちづくりや誰にとっても暮らしやすいまちづくりを実現するために「私たちができること」を紹介しましたが、もし、こちらから声かけをして、相手から「結構です」「大丈夫です」と言われても気落ちすることはありません。あなたからの声かけは、相手に善意として伝わっています。

東京都産業労働局観光部受入環境課では『私たちにできること』という冊子を作成し、ユニバーサルな観光地域づくりに取り組んでいます。本文では、同資料を参考にさせていただきました。

配慮を必要とする人の代表的なマーク

建物や施設等でよく見かけるマーク、個人が身につけているマーク等の代表的なものを次に示しています。このようなマークを覚えておくと、まちで困っている人のお役に立つのではないでしょうか。

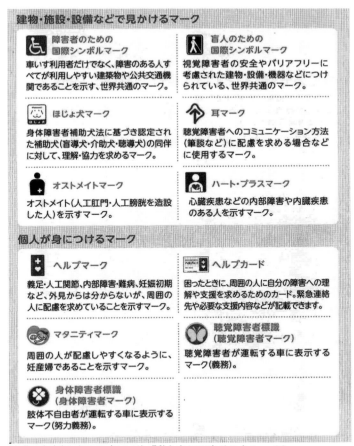

出典：東京都（2019年3月）『私たちにできること』、p.32
より引用

127

**自治体のホームページから観光や活性化に関連する計画を
ダウンロードして解読してみましょう！**

　「上位計画・関連計画を読み解く！」というと、専門的な作業と思われるかもしれません。"習うより慣れろ"のチャレンジ精神をもって、一度体験してみてはどうでしょうか？

　興味のある地域の自治体のホームページにアクセスし、行政計画がＨＰにアップされているので、観光や活性化に関連する計画をダウンロードして準備してください。

計画の名称は？	【計画名称】
	サブタイトル
策定の時期は？	【策定時期】　　　　　　　年　　　　月
策定者は？	【策定機関】　　　　　区市町村
計画をつくった目的は？	【目的・位置づけ】
計画の期間は？	【目標年次】　　　　　　　　年度
	【計画期間】　　　　年度〜　　　　年度（　　　か年計画）
将来の目標像は？	【将来目標像】
基本的な考え方は？	【基本方針】
大枠の構成は？	【施策の体系】
どのように進めようとしているか？	【事業推進方策】 主体・スケジュール等

第7章　これからの三宅島
──三宅島の地域活力向上観光地域づくりグランドデザインに向けて

　人は将来の目指す目標や姿があるからこそ、目標に近づくための努力をするのではないでしょうか。地域も同じです。本章では、これまでの三宅島の素顔の魅力を最大限活かして、観光によって地域活力があふれる将来の三宅島を一緒に考えてみたいと思います。

三宅島の将来づくりのための 2 つの計画

　三宅島では、火山性ガスの放出に伴って島民生活に負担がかかっており、島内産業の疲弊、定住人口の流出、後継者不足、自然環境破壊等の問題を抱えています。村では総合的な視点から三宅島の自立的発展を目指すために 2 つの計画を策定し、計画的な地域づくりに取り組んでいます。

計画①　第 5 次三宅村総合計画（2012 ～ 2021）

　『三宅村総合計画』は、三宅村全体の将来に向けての地域経営の基本となるもので、2012 年度を初年度とする 10 ヵ年の基本構想・基本計画です。今回の計画は"第 5 次"の計画となります。

　村の将来目標である基本理念を「火山とともに生きる、新たな島づくり」とし、目標年次である 2021 年度の将来像を「あなた（ワレ）が笑顔で暮らす島」と掲げています。計画では、①人口増加と経済の活性化、②医療・福祉環境の安心向上、③交通アクセスの利便性向上、④防災の島づくり、⑤観光基盤の充実の 5 つの実現を目指すものとしています。

　また、産業基盤づくりにおいては、三宅島の風土や環境を生かした特産品の生産、付加価値化や流通経路の新規開拓等によって、島の魅力を島外へ広く伝えることが大切であると捉えています。そして、三宅島を知ってもらうこと、興味を持ってもらうことから始め、さらには観光客の誘致、受け入れ体制の確保等、長期的な目標を定めた環境整備に努めるとしています。

第1章
第2章
第3章
第4章
第5章
第6章
第7章
第8章

第5次三宅村総合計画に示されている地域特性を生かした観光・レクリエーションの振興

①観光振興プランの推進	○第2次観光振興プランによる観光振興事業の推進
②ブルーツーリズムの推進	○漁業環境を活用したブルーツーリズムの推進 ○漁業と観光が連携し、島の美しい海を体感できる観光プログラムの推進 ○学習機能と連携し、漁村文化を紹介した都市との交流の推進
③日帰り型から滞在型観光への転換	○バードウォッチング等、日帰り型の観光から島の様々な魅力を知って滞在型へと移行することができる取組の推進
④新たな観光メニューの開発	○低迷した島の経済活性化を図るため、火山・海を活用した新たな観光メニューの開発
⑤総合特区・構造改革特区・離島振興特区制度の活用	○低迷した島の経済活性化を促進するため、観光資源・地域資源・人的資源を生かした総合的かつ有効的な施策を立案し、その計画に適合した制度（総合特区・構造改革特区・離島振興特区）の活用を図った、円滑な事業展開の推進

出典：三宅村（2012）『第5次三宅村総合計画』、p.62-63

計画②　三宅村総合戦略（2015～2019）

　国は2014（平成26）年11月に「まち・ひと・しごと創生法（通称「地方創生法」）」を制定し、地方創生総合戦略を策定しました。戦略では、①地方における安定的な雇用の創出、②地方への新しい人の流れをつくる、③若い世代の結婚・出産・子育ての希望をかなえる、④時代にあった地域をつくり、安心な暮らしを守るとともに、地域と地域を連携する、の4つの目標を掲げました。

　三宅島においても人口ビジョンを見定め、「移住・定住施策による移住者目標」を定め、

①安心して子どもの育つ島づくり～自然減の抑制

②誰もが暮らしやすい島づくり～社会減の抑制

③訪れたくなる魅力ある島づくり～交流人口の増加

④帰島10周年を経たこれからの島づくり～特化した施策の展開

の4つの政策の方針を定めた取組を展開しています。

三宅村総合戦略の基本目標と取組施策

基本目標	施策
【基本目標1】 新たな産業、多様な雇用を創出する	島の基幹産業である農林水産業の振興を図るとともに、植林等自然環境の保持に努め、豊かな三宅島の自然とともに産業の振興、雇用の創出を目指します。 ○農林水産業の振興と特産品の開発
【基本目標2】 新しいひとの流れをつくる	来島者を中心とする交流人口の増加および来島者の定住促進を図り、交流から移住定住への仕組み構築を目指します。 ○観光ＰＲの推進と交流（移住）・定住化の促進
【基本目標3】 若い世代の結婚・出産・子育て支援の充実を図る	島内の福祉環境の向上を図るとともに、ニーズの高い施策を実施し、子ども・子育て支援制度に基づいた子育て支援事業の展開を目指します。 ○子育ての支援
【基本目標4】 時代に合った地域をつくり、安全な暮らしを守るとともに、地域と地域を連携する	誰もが暮らしやすい環境づくりを図り、関係機関・団体との連携体制の構築を目指します。 ○福祉環境の整備と拡充
	自然災害等への対応や準備、特に避難体制の迅速な展開のため、より強力な防災体制の構築を目指します。 ○防災事業の強化。拡充
	「スポーツの島づくり」の展開を図り、島の豊かな環境で体験できる自然スポーツを中心としたスポーツの島づくりを目指します。 ○スポーツ環境の向上を通じたスポーツの島づくり

出典：三宅村（2016）『三宅村総合戦略』、p.9-10

伊豆諸島全体のこれからを考える『東京都離島振興計画』

　『東京都離島振興計画』は、「離島振興法（昭和28年法律第72号）」で指定を受けた「離島振興対策実施地域」の振興のために東京都が伊豆諸島全体を対象に計画策定したもので、現計画は、2013 ～ 2022年度を計画期間としています。

　この計画では、「定住促進と持続的発展による伊豆諸島の再生」を実現するため、①産業立島へ向けた取り組み、②安全・安心・利便性向上へ向けた取り組み、③環境立島へ向けた取り組み、④人材の確保・育成へ向けた取り組みに重点的に取り組むこととしています。伊豆諸島の各島がそれぞれの島の個性を生かした取り組みを行うとともに、島相互の連携による広域的な取り組みを展開することで、三宅島では次の9つの姿の実現を目指そうとしています。

三宅島基本計画　火山とともに生きる、新たな島づくり～ 2022年の三宅島の姿
《10年後（2022年度）の目標》

　子育てや高齢者支援、防災対策の強化、空海路線の充実等が進められ、今なお続く火山活動との共生が図られた、島民が笑顔で暮らす島が実現している。

①港湾施設の整備により港が静穏化し、高速ジェット船や定期貨客船の就航率が向上している。また、航空路について、１日複数便の就航や就航率の向上が図られている。

②道路については、拡幅や避難路等の整備により、災害に強く島民の利便性の向上と景観に配慮された道路となっている。

③砂防施設の整備により、火山泥流や土石流に対する安全性が向上している。

④農業については、基盤整備が促進され農産物の生産性が向上しているとともに、島の環境に適した品目の導入によって、新たな需要が開拓され経営が安定したことで後継者が増加している。

⑤水産業については、磯根資源の回復や漁場環境整備の成果により、本島近海における海産物の水揚げが増加しているとともに、資源管理の徹底により計画的な水揚げが可能となっている。また、地産地消への取組が活性化し漁業関係者の経営が安定しているとともに、後継者の研修プログラムの成果により人材が確保されている。

⑥観光については、三宅島ファンの増加により認知度が向上しているとともに、火山を中心とした滞在プログラムが確立されたことで年間を通して来島者が訪れ、観光客が増加している。

⑦観光客の増加により３次産業に連動して１次産業、２次産業が発展しているとともに、６次化への取り組みによって島内経済が活性化している。

⑧各産業の発展によって、雇用場所が創出されるほか、住宅情報のシステム化によりUJIターン者や離島暮らしを求める者へ空き家の情報提供が可能となり、その結果、定住が促進されたことで島内の後継者不足が解消し人口も増加している。

⑨産業の発展に伴う若年層の増加により、高齢者を地域で支える仕組みが確立されているとともに、物価の低廉化、防災面での強化、子育て支援など、暮らしやすい環境づくりの施策が展開されている。

■ “観光地域づくり”から考えるこれからの三宅島

①観光のチカラから“これからの三宅島”を考えてみよう！

　人口減少がつづいている三宅島では、島に暮らす人々が安心して子どもを育てることができ、誰もが暮らしやすい島づくりを進めるとともに、訪れたくなる魅力ある島づくりによって観光客や移住促進等の交流人口の獲得に向けた取り組み

により、島に活気を取り戻そうとしています。

　「観光」は、単に地域に経済的な効果をもたらすことが期待されているだけでなく、地域での働く場づくり、環境や景観づくり、伝統文化の継承、子どものふるさと意識を高めるなど、魅力ある島づくりの目標ともなる大切な取り組みとなります。しかし誰でも迎え入れてよいというわけではありません。三宅島を理解し、心から三宅島のことを好きになっていただける方々に来てほしいものです。

　観光のチカラをあらためて考え、三宅島にふさわしい観光の姿を思い描き、"これからの三宅島"を観光の視点から考えておくことが必要な時期にきています。「火山とともに生きる、新たな島づくり」に向けて、三宅島の新しい観光を進める視点から考えてみたいと思います。

②三宅島の地域活力向上を目指すための3つの原則

【原則①】三宅の成り立ち（地域の記憶と履歴・来歴）を踏まえること

　三宅島は、島民が愛着と誇りをもって暮らす島です。人にはそれぞれの生き様があり数々の記憶が刻まれることで豊かな人生を築いてきたように、地域にも履歴・来歴や記憶が積み重なって現在の三宅島を形づくっています。過去からの延長線上に現在があり、将来の三宅島もまた、現在の延長線上にあります。過去から刻まれてきた地域の成り立ちこそが、三宅島らしさの原点であり、伊豆諸島の他の島々との違いがそこに現れてくるのです。

　地域の成り立ちを礎とすることで、島で暮らす人々や島を訪れた人々の共感を得るのです。いまのブームに乗るのではなく、確固たる信念のもとに、これからの三宅島を考えることが大切です。

【原則②】三宅観光の5つの特徴で編集すること

　地域の魅力は伝え方ひとつで大きく変わってきます。多くの情報が発信されている現在の地域づくりでは、地域情報や地域の魅力を「編集する力」が必要となってきます。地域で暮らす方々や子ども達、三宅島に行ってみたいと感じる観光客等に、三宅島の魅力が届かないと、情報発信していることにはなりません。

　これからの三宅島は、第5章で示した、①エコツーリズム（環境と生態系に恵まれた島）、②アースデザイン（島全体が火山博物館）、③シビックプライド（暮らしぶりや地域の文化を大切にする心）、④危機管理（火山との共生）、⑤完結と連携（島ならではの特性と発展の可能性）の5つの特徴が鍵を握っています。この5つの特徴を三宅島の新しい魅力発信のテーマとして、発信することが大切です。

テクニカルノート13　構想・計画づくりの基本的思考

　構想・計画を描くためには、①現状認識、②将来の姿・ビジョン、③課題の体系化（将来の姿と現状とのギャップの明確化）、④課題解消のための具体的取り組みを明らかにする必要があります。それぞれ以下の点に留意することが望まれます。

☐現状を正しくかつ客観的に把握して明確化すること
☐将来の姿・ビジョンを具体的に示して関係者が共有すること
☐地域課題を体系的に捉えるとともに、優先順位をつけること
☐実現性・実行性のある具体的な取り組みを投入すること

　この中で特に大切なものが「将来の姿・ビジョン」であり、現状や他の地域の状況に左右されず、地域の多くの人々が望んでいる「夢」が盛り込まれていることが基本です。「夢」や「希望」があってこそ、人の行動につながるのです。さらに、目標には「明快なビジョンをもつこと」と“高い志”や“ロマン”を投入すること」も忘れずにいたいものです。

【原則③】 地域力の源泉・個性の表現・先進性・モデル性をアピールすること

　三宅島の特徴・テーマのうち、①エコツーリズム（環境と生態系に恵まれた島）、②アースデザイン（島全体が火山博物館）、③シビックプライド（暮らしぶりや地域の文化を大切にする心）の3つのテーマは、地域力の源泉であり地域個性を表現したものです。もちろん、三宅島の成り立ち（地域の記憶と履歴・来歴）を礎とすることは言うまでもありません。この3つのテーマを地域の特徴として関係者が共有することで、地域づくりに対する共通の価値が生まれ、そして育まれることで、将来の目標に向けての共感を生み出す力の源となるのです。

　一方の、④危機管理（火山との共生）と⑤完結と連携（島ならではの特性と発展の可能性）の2つのテーマは、東京都の多くの地域が抱えている地域づくりの問題解決の方向であり、三宅島での取組みが先進性のあるものとなるとともに、他の地域に対するモデル性をアピールするものとなるのです。

　この考えを図示すると次の図のようになります。

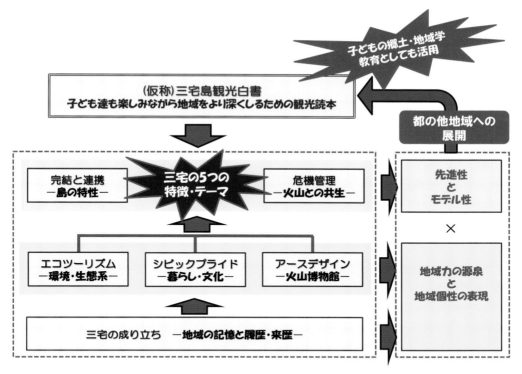

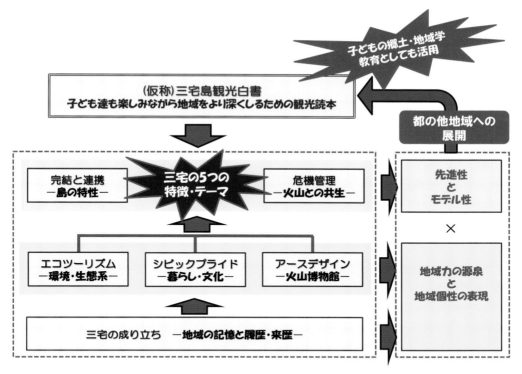

③三宅島の地域活力向上を目指す観光地域づくりグランドデザインとは

　日本全体が人口減少に向かっている現在、「観光」のもつ経済効果によって地域活力を生み出そうとする取り組みや生鮮食料品の生産、観光客のニーズに対応した新たなしごとづくりや雇用を創出する取り組み、地域を知ったことで度々訪れたいと思う観光客の誘致、移住・定住に結びつけようとする取り組み、観光を通じた地域固有の文化の継承、来訪する人々をもてなすことによる社会参加・社会貢献の実現、地域ガイドや特産品づくりを実践することによる生きがいづくり等、「観光」は１次産業から３次産業にまで波及する取り組みとして期待されています。さらに、防災・減災や福祉、教育・スポーツ・文化の分野、生きがいづくり等にも関わりのあるものです。

　これまで"これっ"といった観光・集客の資源を有していなかった地域においても、「観光」を地域づくりの柱にする取り組みが全国津々浦々で進められているのです。地域づくりの総合的な指針となる『総合計画』や『地方創生総合戦略』は、財政状況を勘案して住民ニーズに対応した行政としての施策（取り組み）を計画として取りまとめているものであり、これらの計画で示された取り組みを計画的に進めることが当然ながら必要となります。

　一方の「観光」を柱とする取り組みは、行政だけで取り組めるものではなく、むしろ観光協会や各種団体・組織、観光ガイド・スポーツのインストラクターや

135

文化・食の達人（料理人さん）、農家さんや漁師さん、そしてもてなしにつながる地域の方々等の協力体制と、行政の支援とが一体となった取り組みが必要となります。

　"三宅島の地域の活力を高めたい！"と願う気持ちは共通しているものと思います。ふるさと三宅島が元気がないことを誰しもが望んではいません。『火山とともに生きる、新たな島づくり』に向けて、「みんなで取り組む"協働"の精神」と「持続性のある取り組み」をすることが求められています。人が前向きに活動するためには"夢・希望"と"誇り"が必要です。ひとりでも多くの関係者の"夢・希望"と"誇り"の実現に向けての取り組みを"観光まちづくり"から体系づけたものが、『三宅島の観光まちづくりグランドデザイン』と称するプランです。関係者の多くの"夢・希望"と"誇り"をお聞きし、それを形にしていく時期にあります。

④観光地域づくりを展開するための6つの力の結集を！

　観光による地域づくりを進めていくためには、①企画力・構想力、②地域魅力編集力、③発信力、④人材育成力、⑤事業推進力、⑥危機管理力の6つが必要となります。

　まず、「企画力・構想力」とは、関係者の声に耳を傾け、"夢・希望"と"誇り"が盛り込まれた「地域の将来の姿」を描く力です。

　第二の「地域魅力編集力」とは、情報化社会において、関係者の心に届く魅力を編集する力です。これからの三宅島の魅力・テーマとして本書では5つの特徴・テーマとして掲げました。

　そしてそれを関係者にとどける「発信力」が第三の力です。現在は"インスタ映え"が流行語となり、若者の間で流行しています。必ずしも流行ばかりを追う必要はありません。手書きの紙のツールでも、人々の心に伝わることが大切なのです。

　第四の「人材育成力」とは、ひとりですべてをしようとしないことです。みんなの力を借りること、子どもの力、若者の力、女性の感性、専門家のスキル・技・ネットワーク、お年寄りの経験と勘・知識等、まだまだ眠っている人材は多くあります。それが地域の財産です。人材は、「人財」なのです。

　第五の「事業推進力」は、"夢・希望"と"誇り"が盛り込まれた「地域の将来の姿」を具現化・実現化に導く力です。実現化に導くためには、みんなで取り組みを共有することからはじめ、地域内の関係者の協力を得つつ、必要に応じて

地域外の専門家の力や、行政（三宅村）や東京都、国の協力を得ることが大切です。

　最後の力は「危機管理力」です。自然災害への備えと災害への迅速な対応力は当然ですが、「地域の将来の姿」の実現化のプロセスの中には、いくつかの壁に直面する場面も少なくありません。その際の対応もまた、この危機管理力が求められてくるのです。実現までのスケジュール管理と地域としての品格を保つための品質管理には、特に気を配っておきたいものです。

　観光による地域づくりを進めていくため6つの力をすべて備えている人が必要ということでは決してありません。チームの総合力で取り組むのです。まさに2019年に話題となったラグビーの"ワンチーム"です。それぞれの力に長けたメンバーが結集することで、『三宅島の観光地域づくりグランドデザイン』を実現化するのです。地域の関係者が一体となって、がっちりとスクラムを組むことこそが、観光による地域づくりの第一歩となるのです。子どもたちが、将来にわたって〝三宅島がふるさとだ〟と胸をはって言えるように……。

テクニカルノート14　計画に盛り込む6つの要素

　計画とは、将来の目標としている姿に向けて、現状からどのような道筋で取り組むかの大枠となるシナリオを描くものです。それには、①目的、②目標、③対象、④手段・手法、⑤主体、⑥手順の6つが必要です。次表は、それぞれのポイントを取りまとめたものです。

明記事項	シナリオ作成の大切なポイント
①目的 （WHY）	・地域づくりに取り組むにいたった「志」を整理しましょう。最も大切なことは「なぜ」です。様々な局面で道に迷った時の原点ともなるので、当初の高い志をきちんと整理しておくことが大切です。
②目標 （WHAT）	・「夢・目標」をきちんと書き物として残しましょう。 ・決して難しい言葉や美しい言葉でなくてよいのです。皆が求めていると考えられる姿を『地域の目線』『地域の言葉』で綴ればよいのです。しかし分かりやすくが基本です。 ・目標は、無理に一つに集約する必要はありません。最終目標が高いと思うならば、頂上までの途中に、3合目、7合目の到達目標を定めてもよいのです。
③対象 （FOR）	・誰にとってのシナリオか？　取り組みによって効果を受ける人は誰か？ ・目的（目標）と主体とが重なることで「ニーズ」が見えてくるとともに、最終的には人の姿が浮き彫りになってきます。ここで今一度、ニーズがあるかどうかを冷静にチェックしておくことが大切です。
④手段・手法 （HOW）	・目標実現のためにどのようなことに取り組むかです。目的・目標を細分化しておけば、「そのために何と何をするか」がより明確になってくるでしょう。 ・この段階では、他の地域ではどのようにして取り組んでいるのかを知ることも意味があります。でも、他の地域での取り組み手法をそのまま持ち込んでも巧くいくとは限りません。真似るならば、その精神を真似るとともに、地域事情に応じてアレンジすることが大切です。
⑤主体 （WHO）	・「誰」が取組むかの当たりをつけることが大切です。そして全体として、一つの組織あるいは誰か一人に集中していないかの調整を図ることが大切です。
⑥手順 （WHEN）	・④の手段・手法を一気に実践することは困難です。優先順位をつけること。 ・優先順位は、①容易性・実効性（すぐにできること）、②緊急性（すぐやるべきこと）、③必要性・波及度（先にやっておくこと）、④アピール性・明示性（皆でできること）の観点から見定めることがポイントです。

第8章 新しい生活様式に即した 新しい観光地域づくりの行方

　オリンピックイヤーの2020年の年頭より、新型コロナウイルスは既に密かに拡大していました。グローバル化した社会の中で人の移動は避けられないものであり、当然ながら、新型コロナウイルスの感染拡大は、人の移動に応じて爆発的に拡大し、感染予防の視点から都市封鎖あるいはそれに準ずる規制を人々に課することとなりました。

　交通機関の発展・大型化に伴って、それぞれの価値観をもとにした人の移動は拡大し、その結果として経済活動も活況を生み出してきました。本書の主たるテーマとした「観光」もそのひとつの行動として、多様化しつつ発展してきたのです。多くの専門家が指摘しているように、移動の制限や自粛などの感染予防と、コロナ感染拡大以前の経済活動とは、相反する活動であることは自明の理です。感染予防を重視すれば経済活動は低迷し、逆の政策を打てば感染拡大を抑止できない──いずれにしても小さくない代償を受けることになりました。観光産業や観光事業は、人々の移動が生み出す効果によるところが大きく、その影響は甚大なものとなっています。

　本書でも取り上げましたが、自然資源が豊かなわが国では、多くの自然災害と共生してきた履歴を有しており、いかにして速やかに復旧・復興を図るかの知恵から、近年では減災を意識した「観光危機管理」にも取り組むことを目指していました。この新型コロナウイルスは世界規模で、またほぼ同時期に拡大したため、まだ、私たちは未知なることが多く、復興や共生の道筋を模索する日々が、現在もなお継続している状況です。日本政府においては、感染拡大抑止と経済活動再開の両立を模索する中で、新型コロナウイルスとの闘いを「新しい生活様式」によって対処することを提案しています。この「新しい生活様式」によって、観光の形態、観光事業や観光地域がどのような備えを講じておくことが望まれるかについての正解は見出されていません。

　本書の総括として、「アフターコロナ」や「ウィズコロナ」といわれる中で、新しい生活様式に即した観光地域づくりの行方について考えてみたいと思います。

■ 観光事業の持続的発展に必要な目的に応じた
段階的取り組みの必要性と事業づくりの方向性

感染対策の水際戦略として入国規制が講じられていることから、2020年の4月と5月の訪日外国人旅行者は、昨年度比99.9％減と激減しています。国内の自粛要請（ステイホーム）も重なり、訪日外国人旅行者の消費活動などにも支えられてきた多くの観光地や観光事業は苦境に直面しています。事業の縮小から、観光関連産業から他産業への雇用の流動化も進んでいます。

今後は感染状況を勘案しつつ段階的に渡航解禁の措置が講じられることが予想されるものの、世界的な感染拡大の状況から推察すると、訪日外国人旅行者のV字回復は早急には期待できない状況にあります。また、観光による国内経済消費の3／4を占める国内旅行については、バブル崩壊以降の低迷がつづいていたことから、自粛を余儀なくされた生活からの開放感により一時的な需要の回復は期待できるものの、これまでの訪日外国人旅行者による経済消費を補うだけの需要の拡大につながるとまで、楽観視はできない状況です。

このような状況の中で、21世紀のわが国の成長戦略の一つとして期待された観光関連の取組みの回復においては、①観光関連事業の持続化に向けた当面の支援、②地域内・近隣地域との往来と国内観光の需要を誘発する取り組み、③新しい生活様式に伴う新しい観光形態の創出と定着・展開といった段階的な取り組みが必要です。特に目先の懸案事項の対応に追われるだけでなく、将来を見通し、新しい観光のスタイルを創出することを目指した観光事業ならびに観光地域としての備えが求められています。

■ 新しい生活様式がもたらすこれからの観光に求められるもの

3密（密閉、密集、密接）は、新型コロナウイルスの感染予防の留意点として、ソーシャルディスタンスとともに一般用語となりました。これは新しい生活様式の共通ルールとなりつつあります。この3密を回避することは、移動交通機関の乗車率や宿泊施設の客室稼働率に影響を及ぼすとともに、観光施設やイベントへの入場制限など、観光に関わるサービス対価を引き上げざるを得ない状況となることが予想されます。観光事業の持続性を確保するうえでマイナス要因となりかねません。しかし一方では、3密とは逆の豊かな自然環境を求める観光行動の活発化や、日常生活圏における身近な観光や趣味と一体となった観光行動などが、いままで以上に盛んになることが予想されます。

テレワークの定着により働き方そのものが大きな変革のタイミングとなってきています。これまでのように都市に住んで、会社に働きに行くという通勤形態が様変わりしてくることになります。高度経済成長以降の長年の課題であった大都市一極集中から均衡ある国土形成に近づくことが期待されます。とくに、これまではリタイアメント層が中心であった二地域居住や田舎暮らしなどの新しいライフスタイルは、テレワークの定着がきっかけとなって若年層や技術系専門職などの分野において展開されることとなります。自然豊かな地方には仕事がないということがマイナスの要因とならなくなるのです。

　テレワークの普及・定着は、ネット環境が整っていればお気に入りの地域での仕事と趣味を両立するといった新しいライフスタイルを可能とします。昭和40年代に起こった離島ブームは海外旅行への憧れが背景にありました。ふるさとを持たない都市出身者が多くなっている現在、お気に入りの地域をふるさとと感じ、趣味と仕事の両立による心豊かな暮らしを実現するための二地域居住や田舎暮らしの対象として、三宅島をはじめとする公共交通機関が確保されている離島は格好の対象地となることが期待されます。

三宅島のレストランの中庭からのながめ。リゾート気分でテレワーク。贅沢な時間・新しい生活様式が三宅島には数多くあります。（2019年8月筆者撮影）

価値観の変化による新しい経済活動が生み出す文化の時代に備えるとき

　［乱］⇒［政治］⇒［経済］⇒［文化］⇒［乱］と15年周期で巡っているという「近代化のサイクル」を、昭和50年代に大平元首相の政策集団が提言しました。次表に示すように、わが国が近代国家建設を目指していた1870年を起点として15年毎に区切り、［乱］の15年の後に［政治］を治める15年間、そして［政治］の安定の後に［経済］の15年を経て、それを原資とする［文化］の15年が来るという説であり、1975年（昭和50年代）以降は「文化の時代」における国家経営が必要と解いたのです。バブル経済崩壊後の経済不況を［乱］とするならば、近代化のサイクルは第Ⅲステージにあり、2020年からの15年間は［経済］の時代を迎える巡り合わせとなります。

近代化のサイクル……15年×4サイクル＝60年で還暦説

乱⇒政治⇒経済⇒文化⇒乱	第Ⅰ STAGE	第Ⅱ STAGE	第Ⅲ STAGE
「乱」の時代	1870～1885	1930～1945	1990～2005
「政治」の時代	1885～1900	1945～1960	2005～2020
「経済」の時代	1900～1915	1960～1975	2020～2035
「文化」の時代	1915～1930 （T4年～S5年）	1975～1990 （S50年～H2年）	2035～2050 （R17年～R32年）

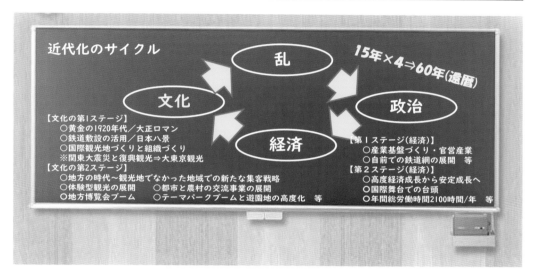

　世界規模で広がった新型コロナウイルスは、「共生」や「連帯」をより強め、新しい価値観のもと技術革新を伴った変革時期を迎えた新しい成長の途を辿ることとなるでしょう。新しい経済システムに対する競争力の強化が、ますます求められる時代の到来です。その先には、この時代に胎動する地域の文化が華ひらく時代がくるのです。

　自粛要請の中で、観光の分野においてもオンラインでの疑似体験が広がりつつあります。「観光は日常生活圏から離れて行う様々な活動」という定義とは異なった活動となりつつあります。いまこそ、「心に訴える観光」「心に迫る観光」「心を揺り動かす観光」など、『観光のチカラ』を発揮する時ではないでしょうか。

　新しい経済活動の先の「文化の時代」を見据え、国や地域にある、あるいは眠っている"本物"の光を見いだすことに備えておきたいものです。三宅島であれば、潮の香り、旬の味覚、肌が感じる潮風、伝統行事の躍動感など、画面を通した疑似体験では感じられない静寂・鼓舞・機微等を感じられる地域こそが新しい時代の新しい文化を創出できる地域となるのです。

あとがき

　2000年三宅島噴火から今年でちょうど20年になります。気がつくと、私自身も三宅島の研究をはじめて20年が経ちました。

　三宅島の方々との最初の出会いは、私が学生時代に、三宅島の子どもたちが避難生活を過ごしていた、東京都あきる野市にある旧秋川高校の校舎を訪問したときでした。そのときの光景はいまでも鮮明に思い出すことができます。それは校舎の玄関に足を踏み入れたとき目に飛び込んできた、公衆電話に列をつくる小学生の子どもたちの姿でした。

　当時、三宅島の子どもたちは両親や家族と離ればなれで避難生活を余儀なくされていました。子どもたちにとって両親と話ができるのは、たった数分の電話だけでした。両親とたくさん話がしたい、その気持ちは子どもたちみんなが一緒でした。そんな他の子どもたちの気持ちがわかるのでしょう。子どもたちは早く話をしたい気持ちをこらえながら、自分の順番がくるのをじっと我慢して列に並んでいました。

　電話をしている子どもたちからは、「次はいつ話せるの？」「寂しいよ。早く迎えにきて」という声が聞こえました。電話が切れると、低学年の子どもたちは我慢していた寂しい気持ちを抑えられなくなり、「お母さん、早く会いたいよ」と泣いていました。そんな泣いている子どもたちのところへ高校生たちが駆け寄り、「大丈夫だよ、すぐ会えるからね」と慰めていました。そんなシーンを目の当たりにし、私も大きな衝撃を受けました。

　そのときの衝撃から今日まで20年間、私はずっと2000年三宅島噴火の被災者の研究にこだわり続けてきました。どうして熱心に三宅島の研究を続けてきたのかを振り返りますと、その原点はそのときの三宅島の子どもたちの姿を抜きには考えられないのです。

　災害は突然襲いかかり、私たちの日常を大きく変える出来事になります。災害による苦しみ、悲しみは、実際に災害を体験した人たちでなければわからないこともたくさんあります。また災害前の日常を取り戻すには、一般の人たちが考える以上に長い時間が必要なのです。

　私は三宅島の人たちの災害からの20年間を研究し続けてきたことで、そのことを少しだけですが理解できた気がしています。2000年噴火以降の三宅島の方々の生活再建プロセスの20年間を振り返ると、本当に大変な20年でした。そのプロセスをたどると、火山ガスの被害によってすべての島民が4年5ヵ月

に及ぶ避難生活を余儀なくされた事実を思い知らされます。また全島避難解除後の三宅島は、継続する火山ガスの被害によって島の自然が破壊され、2000年の噴火前とはまったく違った島になってしまいました。

　火山ガスは、全島避難解除後も10年以上にわたって、島民への健康不安やガスの放出がいつ終息するのか先行きの見えない不安をもたらしました。その影響により、2000年噴火以降の三宅島では若い世代の人たちが減少し、高齢化が急速に進みました。また継続する火山ガスの影響は、島の主要な産業であった農業や観光業などにも多大な被害を及ぼしました。さらに火山ガスの被害によって、島内では立ち入りの制限される地域が設定され、その影響によって2000年噴火以前のコミュニティの分散も余儀なくされました。私の見てきた三宅島の方々の状況は、本当に大変な生活再建のプロセスだったのです。

　しかしながら、このような2000年三宅島噴火以降の三宅島の方々の生活再建プロセスでの問題は、世界の災害研究において大きな問題提起となったと考えます。というのは、「被災者の直面するさまざまな問題は災害直後だけでなく、長期的なビジョンで考えていかなければならない」、そのことを世界中の人たちに情報発信できたからです。そして三宅島の研究で報告されたさまざまな問題提起は、その後の東日本大震災での福島第一原発事故の被災者の復旧・復興における支援策などでも有益な知見となっているのです。

　2015年頃から三宅島の火山ガスの放出は急速に減少し、現在の三宅島では火山ガスの被害はほぼなくなっています。現在ではたくさんの緑や自然も回復し、野鳥などもたくさん島に戻ってくるようになりました。2000年三宅島噴火からの復旧・復興への物語は、「観光産業の回復と発展」という新たな章へ入ろうとしています。

　そのような中、東京都産業労働局観光部が取り組んでいる事業においても、都内の観光地域振興、特に多摩地域や島しょ部の観光振興に力を入れていることを知りました。その事業に関わり、東京都観光事業審議会会長として取りまとめの大役に携わっているのが、以前から顔見知りであった本学の大下茂教授（経済学部観光経営学科）であったことから、科研費研究の助言をお願いしたところ、快諾をいただけたことで新たな展開に具体的な道筋が見えてきました。今後の三宅島の観光産業の回復と発展を考えるにあたり、観光を軸にした総合的な産業再編が必要不可欠と考えていた私にとって、集客術による地域振興の実践に都内の多くの地域で関わっている大下教授の「理論と実践」は刺激となるとともに、同氏が強く関心をもっている「子どもの観光まちづくり教育」は、私の三宅島研究を

進めるうえで原点ともなった「列をつくる子どもたちの姿」と重なり、様々な局面で助言をいただくこととなりました。本書の共著執筆も、章ごとに分担するのではなく、お互いが知り得た情報と専門分野から執筆内容を重ね合わせた後に削ぎ落とす、という編集を重ねてきました。「はじめに」にも記載したように、今後は、本書で提案したグランドデザインをより具体化することで、三宅島の観光産業の回復と発展につながることを期待しています。そしてそれが、三宅島の方々の体験が被災地への希望を届けることにつながることを信じています。

　最後になりますが、私がこれまで 20 年間、三宅島の研究を続けてくることができたのは、三宅島の方々の協力のおかげです。深く感謝いたします。

　また本書の執筆にあたり、資料のご提供、ご意見、図・写真のご提供などをいただきました東京都三宅村村長・櫻田昭正様、三宅村役場、東京都三宅支庁、一般社団法人三宅島観光協会、東京都産業労働局観光部の皆様に厚くお礼を申し上げます。

　さらに本書の編集をしていただきましたミライカナイ社の津川晋一様、中村翔様にも厚くお礼を申し上げます。

　本書は日本学術振興会による科研費研究（課題番号：19K03212 研究代表者：大森哲至）の助成を受けました。心より感謝申し上げます。

著者を代表して　大森哲至

著者　研究代表者・大森哲至　（帝京大学　外国部学部外国語学科）
　　　研究協力者・大下　茂　（帝京大学　経済学部観光経営学科）
本書は【2019 年度科学研究費助成事業】の一環として取りまとめました。
研究種目　科研費 基盤研究（C）一般
研究課題　継続する自然災害下の被災者の精神健康と支援対策の研究 課題番号：19K03212
研究期間　平成 31 年度～平成 33 年度（令和 3 年度）

参考資料（1）地域の特徴を知る手がかり～地域学を学ぶために参考となる資料の所在

　地域の観光を考えるための情報は、観光入込客数や観光施設・体験プログラムなどだけでなく、地域の地勢・地形や、人口・産業、交通、歴史・文化環境や気象などの多岐にわたります。国勢調査や各種センサス（大規模調査）など統計データは、担当省庁のホームページでダウンロード可能なものもあります。

　地域を訪れた際には、郷土資料館・博物館、中央図書館、大手書店等に立ち寄ると多くの情報が入手可能です。特に、郷土資料館・博物館では過去の企画展の展示目録を頒布していたり、大手書店では地元新聞社が出版している書籍の購入も可能です。

（1）地域の人口と移動の実態を知りたい（人口・産業人口）
・「国勢調査（調査年の10月1日現在）」による人口・世帯
　⇒国勢調査は5年に一度実施されています（西暦が5で割り切れる年に実施）。概ね2年後に公表され、総務省統計局のHPで確認できます。
・「住民基本台帳（各年の4月1日現在）」による人口と世帯数（世帯構成）
　⇒住民基本台帳データは、各区市町村の統計書、区市町村のHPで調べられます。
・人口移動……通勤・通学（国勢調査）、自然増減と社会増減（住民基本台帳）
・広域で調べたい際には、都道府県庁のHPも有用です。
　留意点　自治体の住民基本台帳は住民票登録している人の数、国勢調査は住居に訪問し調査年の10月1日現在、実際に住んでいる人を調査対象としています。そのため、数値に違いがあります。

（2）地域の産業構造の実態を知りたい（各産業固有のデータ）
・産業従事者（どの仕事についているか）は国勢調査によって把握できます。
・1次産業……農林業センサス等／2次産業……工業統計等／3次産業……商業統計等

（3）鉄道や道路の利用実態を知りたい（交通関連データ）
・大都市交通センサス、道路交通センサス　　など
・都市交通年報（運輸政策研究機構）　　　　など

（4）地域の観光のことを知りたい（観光統計・観光資源等）

・観光が盛んな地域（著名な観光地を有する地域）では区市町村の HP で公表
・都道府県での観光の実態把握⇒都道府県の観光部署の HP
　※都道府県によって実態調査の調査方法が異なるので注意（調査方法を確認する必
　　要があります）
・区市町村 HP の観光情報、観光協会の HP
・郷土資料館や博物館の HP ⇒特別展の展示目録等の通信販売購入も可能な場合が
　あります
・都道府県の東京事務所やアンテナショップへの訪問による情報収集　　　など

（5）地勢・地形を知りたい（市販されている図面類）

・1/200000（地勢図）、1/50000（地形図）、1/25000（地形図）は国土地理院
　にて販売。大規模書店や地図専門店で最新版が購入可能です。また、都市部にお
　いては 1/10000 の都市図が発行されています。
・過去の地形図は国土地理院のホームページで対象地域の過去の測量時期が把握で
　き、取り寄せも可能です（本書では、噴火の前後の地形図を取り寄せて比較しまし
　た）。また、『全国図誌体系』では、全国の主要都市のこれまでの地形図をもとに
　変遷を取りまとめています。
・1/2500（白図）は区市町村の都市計画関連の部署で購入可能です（主として都市
　計画区域）。1/2500 の都市図には、測量当時の建物（線の太さによる耐火建築物
　か木造建築物かの区分）も示されています。

参考資料（2）　地域を評価する時のチェックリスト

　地域を評価する際の主なチェック項目は11項目あり、以下に一覧で整理してみました。大きくは、（1）心構え（①）、（2）地域の個性・資源性（②〜⑤）、（3）資源の変化・多様性・連続性（⑥）、（4）地域イメージ・空間の快適性（⑦）、（5）地域のマネジメント特性（⑧〜⑪）の5つの観点からの評価です。

項目		チェック欄	チェックの内容
(1)心構え	①評価の心構え	☐	いろいろな立場から地域を見てみる
		☐	「こんなものだ」と思い込まない・決めつけない
		☐	近隣地域や全国の他の地域と比較してみる
		☐	数値化（基準化・標準化）して比較する
(2)地域の個性・資源性	②自然資源	☐	自然現象に特長がある（もや、夕焼け、朝日、ご来光など）
		☐	気象の特徴・稀気象がある
		☐	自然資源（風景、山、滝、海、川、空、星、動植物など）
		☐	産業景観（野菜、棚田、花、果物など）
	③歴史資源	☐	伝説・地域の記憶・語り部が健在である（謂れ・民話・物語がある）
		☐	地域の特徴的な成り立ち・特徴的な地名等がある
		☐	伝統的な佇まい・歴史的遺構がある
		☐	国宝・重要文化財などか存在している／これらを見学できる
	④文化・民俗資源	☐	著名人・有名人の出身地である
		☐	特徴的な郷土文化・祭りがある
		☐	小説や映画、アニメの舞台、歌の舞台・テーマになっている
		☐	神秘的な伝説・美談が語り継がれている
		☐	ユニークな語り部が活躍している
		☐	伝統的・特徴的な暮らしぶりを体感することができる
		☐	伝統工芸・伝統技術のキーパーソンがいる
		☐	人に自慢できる郷土料理がある
		☐	人気のある地酒や地ビールがある
		☐	人にもっていける土産物がある
		☐	写真家・芸術家が活動している
		☐	芸術・アートの作品が生み出されている
	⑤レクリエーション	☐	道の駅・農産物・海産物の直売所がある
		☐	食品の加工所・工場などを見学できる
		☐	まち歩きルート、ハイキングコースなどが充実している
		☐	飲食施設が充実している

(3) 資源の変化・多様性・連続性	⑥資源の変化	☐	一日のうちに変化がある。変化のある風景をみることができる
		☐	地域内での名所を「八景」として定めている かつて「八景」があった
		☐	朝・夕方・夜のビューポイントがある
		☐	四季の変化（季節のうつろい）が美しい
		☐	新緑の名所、紅葉の名所などがある
		☐	観光客は知らない、地元の人の溜まり場の「店」がある
		☐	あまり知られていないマル秘スポットがある
(4) 地域イメージ・空間の快適性	⑦地域イメージ	☐	懐古性・郷愁を感じる雰囲気がある
		☐	神秘的・幻想的な雰囲気がある
		☐	ロマンチックな雰囲気がある
		☐	日本一・日本初のものがある
		☐	一流と言われているものがある
		☐	まちの中心市街地ににぎわいがある
		☐	来訪者の幅が広い（老若男女が訪れている）
		☐	地域は美しく、清潔である
		☐	雑誌やポスターに載ったことがある
		☐	マップがなくても地域を回遊できる （案内サインが充実している）
(5) 地域のマネジメント特性	⑧地域全体の 方向性	☐	地域を誇りに感じる／地域に愛着を持っている住民が多い
		☐	地域全体として排他的ではない／「もてなしの心」がある
		☐	地域の伝統文化（記憶・食文化・伝統・しきたり等）を住民が 理解している
		☐	周辺地域と連携しようとする気がある
		☐	地域住民が楽しく暮らしている （休日に他のまちに行かず地域内で過ごしている）
		☐	地域の行事・イベントを地域住民が主導して開催している
		☐	観光入り込み統計などをきちんと把握している
	⑨地域の人材活用	☐	観光ボランティアやNPO活動などが活発である
		☐	「達人」「名人」などの豊かな人材がいる
		☐	地域内に組織ぐるみでという雰囲気が醸成されている
		☐	地域内に若者や女性を活躍させようという意識がある

⑩地域づくりへの姿勢	☐	地域の売り・セールスポイント、誇りが明らかである
	☐	外部の専門家とのネットワークがある
	☐	来訪者の苦情に耳を傾けている／積極的に苦情を収集している
	☐	来訪者のニーズを絶えず意識して対応しようとしている
⑪外部へのアピール	☐	地域の情報発信やPRに対して熱心に取り組んでいる
	☐	マスコミや雑誌等のメディア（媒体）の使い方に精通した人がいる
	☐	常にマスコミに対して情報提供している
	☐	地域全体としてITへの取り組みが前向き・活発である

参考資料：大下茂（2011.2）『行ってみたい！と思わせる「集客まちづくり」の技術』、学陽書房、p.41-47

参考とした主な資料・文献

【三宅村の行政計画・統計データ等】
○三宅村（2012.12）『第5次三宅村総合計（2012-2021）』
○三宅村（2016.3）『三宅村総合戦略』
○三宅村（2018.12）『三宅村村勢要覧―三宅島』及び『村勢要覧資料集』
※三宅村（昭和47年4月1日）『三宅村村勢要覧～昭和45年・46年版』
※三宅村（昭和55年10月1日）『三宅村村勢要覧～昭和53年・54年版』

【三宅島の噴火に関する記録・資料等】
○東京都三宅村（2008.2）『平成12年（2000年）三宅島噴火災害の記録』
○東京都三宅村（2008.2）『三宅島噴火災害の記録（概要版）「三宅島噴火2000～火山との共生」』
○東京都（2007.3）『平成12年（2000年）三宅島噴火災害誌』
○三宅村（2005.1）『三宅村 防災のしおり』……帰島時配布用

【三宅島の観光に関する資料】
○東京都総務局三宅支庁（2019年3月）『三宅島』、A5判冊子
○三宅村役場・三宅島観光協会（2017．3）『三宅島博物誌』
○三宅村観光産業課（―）『三宅島ジオMAP』、日本語版・英語版
※三宅島の交通機関の月別変動利用者数　（一社）三宅島観光協会提供

【伊豆諸島の島々に関する資料】
○東京都（2013.4）『東京都離島振興計画（平成25年度～平成34年度）』、東京都総務局行政部
○（財）東京市町村自治調査会（2012.3）『島しょ地域における観光ニーズに関する現況調査』
○東京諸島観光連盟『TOKYO ISLANDS 伊豆諸島＆小笠原諸島　東京諸島2か国語ガイド』
○（公財）東京都農林水産財団（2019）『るるぶ特別編集 東京の農林水産～東京の島々』、JTBパブリッシング
※『伊豆諸島・小笠原諸島年次別・観光客数推移（実人員）』東京都産業労働局観光部振興課提供

【国及び東京都の観光に関する資料】
○『観光立国推進基本計画』、平成29（2017）年3月28日閣議決定
○明日の日本を支える観光ビジョン構想会議（2016.3）『明日の日本を支える観光ビジョン―世界が訪れたくなる日本へ―』
○（公社）日本観光産業振興協会（2014.9）『観光のちから』、A5判冊子
○東京都（2019.2）『PRIME観光都市・東京　東京都観光産業実行プラン～東京2020大会に向けた重点的な取組～』、本冊子及びポケット版（A5判）

※観光データが記載されている図表については 2019 年のデータを更新した図表を東京都産業労働局観光部企画課より提供いただいた。
○東京都（2019.3）『私たちにできること』、Ａ5 判冊子

【地形図】
① 1/50000 地形図（大正 3 年 11 月 30 日発行）；大日本帝国陸地測量部
② 1/50000 地形図（昭和 11 年 7 月 25 日発行）；大日本帝国陸地測量部
③ 1/50000 地形図（昭和 27 年 10 月 25 日発行）；地理調査所
④ 1/25000 地形図（昭和 47 年 11 月 30 日発行）；国土地理院
⑤ 1/25000 地形図（昭和 55 年 11 月 30 日発行）；国土地理院
⑥ 1/25000 地形図（平成 4 年 8 月 1 日発行）；国土地理院
⑦ 1/50000 地形図（平成 18 年 4 月 1 日発行）；国土地理院
⑧ 1/25000 地形図（平成 28 年 11 月 1 日発行）；国土地理院

【その他】
○平岡昭利編（2019.3）『読みたくなる「地図」- 国土編』、海青社
○高松正人（2018.3）『観光危機管理ハンドブック』、朝倉書店
○大下茂（2011.2）『行ってみたい！と思わせる「集客まちづくり」の技術』、学陽書房
○津久井雅志・新堀賢志・川辺禎久（2001）『三宅島火山の形成史 地学雑誌 1』（110）
○村榮（2005）『三宅島噴火避難のいばら道──あれから 4 年の記録──』、文芸社
○小笠原康夫（2002）『三宅島子どもたちとの 365 日──秋川での小学校・避難生活の記録──』、ひいらぎブックス
○松尾駿一（2008）『2000 年三宅島噴火・避難──子供たちの記録──』、郁朋社
○大森哲至（2009）『2000 年三宅島雄山噴火後の住民の精神健康──地域社会の復興との関連──』、横浜国立大学大学院国際社会科学研究科 博士論文
○フジテレビジョン・東宝・FNS27 社（2011）『ロック─わんこの島』、DVD ／ポニーキャニオン
○いすみ市（2010.2）『きらきら いきいき 「いすみ」 な暮らしガイドブック』
※ジオサイン（案内サイン）のデータについて、三宅村観光産業課より提供いただいた。

○三宅島観光協会ホームページ　https://www.miyakejima.gr.jp/

○東京都総務局三宅支庁（2019 年 3 月）『三宅島』

電子版はこちらから→

[著者紹介]

大下　茂　おおしも・しげる

帝京大学経済学部観光経営学科教授。

長岡技術科学大学大学院修士課程、東京工業大学大学院博士課程修了。博士（工学）、技術士（建設部門・都市および地方計画）、地域活性化伝道師（内閣府）。

清水建設㈱・㈱ポリテクニックコンサルタンツを経て、1989 年 9 月に㈱プランニングネットワークを設立。2001 年より東京工業大学工学部非常勤講師、立教大学観光学部兼任講師を経て、2012 年 4 月より現職（2013 ～ 2017 年度同学科長）。㈱ KITABA、㈱グローカルデザイン、まちづくりラボ・サルベージ㈱の相談役。

（公財）利根川・荒川水源地域対策基金評議員、国土交通省社会資本整備審議会道路分科会関東地方小委員会専門委員、第 22 次東京都観光事業審議会会長、市町村の総合計画審議会会長・地方創生戦略会議会長（千葉県四街道市、多古町、群馬県伊勢崎市等）や、市町村の観光振興プラン策定委員長（東京都北区・墨田区・大田区、千葉県香取市、群馬県甘楽町等）の他、市町村アカデミー等の研修講座等に携わっている。

「集客」「観光まちづくり」「市民協働」「子どもの観光教育」等をテーマに、地域に軸足をおき、地域活力向上を目指した実践的な仕掛けづくりに数多く携わっている。

大森　哲至　おおもり・てつし

帝京大学外国語学部外国語学科講師。

慶應義塾大学文学部卒業、横浜国立大学大学院教育学研究科修士課程、横浜国立大学大学院国際社会科学研究科博士課程修了。博士（経営学）。2018 年 4 月より現職。

「被災者の精神健康」「復旧・復興支援」「災害文化」「災害ボランティア」等をテーマに、2000 年から三宅島の研究を継続している。2000 年三宅島噴火の被災者の精神健康をテーマにした研究は国内や海外の学会でも評価されており、日本応用心理学会の優秀大会発表賞（2012）、学会賞（2013）等を受賞している。

三宅島観光白書　三宅島学

地域をより深くしるための観光読本・三宅島の素顔

～これまでの三宅島、そしてこれからの三宅島～

2020 年 9 月 1 日　第 1 刷発行

著者　大下茂　大森哲至

発行者　津川晋一

発行・発売　（株）ミライカナイ

〒 104-0054　東京都中央区勝どき 1-1-1-A1302

URL：http://miraikanai.com/

Mail：info@miraikanai.com

TEL：050-3823-2956　FAX：050-3737-3375

印刷・製本　シナノ書籍印刷（株）

検印廃止

あなたの思い出の１枚を貼ってみよう……！